Wolfgang Amadeus Mozart –
seine Klavierkonzerte

Uta Titzhoff

Wolfgang Amadeus Mozart – seine Klavierkonzerte

Eine kleine persönliche Studie

anläßlich seines 250. Geburtstages

am 27. Januar 2006

Bibliografische Information der Deutschen Bibliothek:
Die Deutsche Bibliothek verzeichnet diese Publikation in der Deutschen Nationalbibliografie;
detaillierte Daten sind im Internet über <http://dnb.ddb.de> abrufbar.

Titelkupfer: W. A. Mozart an seinem Spinett, etwa 1786
Stich von G. A. Sasso, G. B. Bosio, Musée de l'Opéra, Paris

Herstellung und Verlag: Books on Demand GmbH, Norderstedt
ISBN 3-8334-3170-9

Inhalt

Vorwort

Eine kleine persönliche Studie der Mozartschen Klavierkonzerte, unter Verwendung in erster Linie eben dieser Konzerte, aber auch einiger Literatur (Abert, Girdlestone, Greither, Nettl, Reinecke, Schiedermair, Schurig, Paumgartner und A. W. Jensen).

Es ist nicht so einfach, Mozarts Klavierkonzerte ganz außerhalb seiner anderen Werke zu betrachten, aber gewiß unmöglich, ohne wenigstens eine punktierte Linie seines Lebenslaufs. Vielleicht bedarf es auch eines kurzen Hinweises auf die Entwicklung dieser Musikform überhaupt.

Unsere heutige Bezeichnung »Konzert« umschließt ein dreisätziges Musikstück, mit hervortretender Bedeutung des Soloinstruments. Die Dreisätzigkeit geht von der neapolitanischen Opernsymphonie aus, von der sie auch die klassische Symphonie übernahm. Johann Sebastian Bach war der erste, der diese Art auf das Klavier übertrug, die Violine hatte sich das »Konzert« schon eher erobert (J. S. Bachs Bearbeitung seines eigenen Violinkonzertes in E-Dur zum Cembalo-Konzert in D-Dur ist ein Beleg dafür). Eines der Kennzeichen der Klavierkonzerte aus dieser Zeit, bis Mozart, ist die gleichzeitige Verwendung des Soloinstruments als Generalbaßinstrument. – In Italien kam die Klaviermusik viel schneller zur Blüte, man hatte sich dort viel eher von der Orgel distanziert. Erst Bachs Schüler waren es, die Scarlattis, des größten italienischen Klavieristen, geistige Nachfolger wurden.

Zeitlich zwischen Bach und Mozart entwickelten sich zwei Richtungen des Klavierkonzerts. Einmal entstand die »norddeutsche« unter Carl Philipp Emanuel Bach, die das Cembalo bevorzugte, und Solo und Tutti gleichberechtigt behandelte. Der polyphone Stil der ersten Komponisten solcher Konzerte eignete sich vortrefflich zu den verschiedensten Kombinationen von Solo und Tutti. Zum anderen gab es die Liebhaber des Hammerklaviers, in Italien, Wien, Mannheim und London, die sich aufteilten in die süddeutsch-italienischen, unter Scarlatti und Wagenseil, und die Londoner unter Christian Bach, die dem Solo mehr Raum gaben und das Tutti nur als Umrahmung verwendeten. Diese Abwendung vom polyphonen Stil führte zugleich zur Abkehr von den Kombinationsmöglichkeiten und zur untergeordneten Stellung des Orchesters. Mozarts Verdienst ist es, daß er sich im Laufe seiner Entwicklung davon distanzierte. Ohne zum polyphonen

Stil zurückzukehren, brachte er Solo und Tutti wieder zu gleicher Stellung und Zusammenarbeit, nicht mehr unter Verwendung des Kontrapunktes, dies nur noch in Ausnahmen, sondern mit dem neuen symphonischen Stil. – Daraus wird die Wiener Schule, wie wir sie heute verstehen, eine gute Mischung der beiden Richtungen. Zunächst aber war für Mozarts Weiterentwicklung als Klavierist die Londoner Schule unter Christian Bach von großer Bedeutung, seine ersten Konzerte fußen schon auf dem Schaffen Christian Bachs. Aber er hat die Form nach außen erweitert und vor allem inhaltlich vertieft, was wiederum auf die Mannheimer Schule, insbesondere Wagenseil, zurückgeht. Christian Bach hat sich wohl mehr der »galanten« Form zugewandt, die hat Mozart natürlich auch durchlebt, und es fließen auch »galante« Formen und Züge in das eine oder andere Konzert. Die intensive Arbeit mit der Londoner-süddeutsch-italienischen Richtung war wohl auch ein Grund dafür, daß er sich mit der norddeutschen Carl Philipp Emanuel Bachs erst etwas später beschäftigte, wohl auch angeregt durch die »musicalische Cavalirs-Gesellschaft« bei van Swieten, der ein großer Bachverehrer war.

Im normalen Konzert war die Rolle des Orchesters beschränkt auf: durchgehaltene Noten, wiederholte Figuren, rhythmische Kontraste usw. Dieses alles gilt nicht mehr für Mozart. In einem halben Dutzend seiner Konzerte sehen wir die thematische Begleitung, will sagen, die Begleitung, die sich als Motiv eines der Hauptthemen oder Teile desselben nimmt. Diese Art ist oft vertreten bei J. S. Bach und seinen Söhnen Wilhelm Friedemann und Carl Philipp Emanuel, und diese Begleitung ist bisweilen nicht weit davon entfernt, genauso wichtig zu sein wie der Solopart. Weit häufiger sind die Beispiele, in denen der untergeordnete Teil, ohne das Solo zu unterstützen, sich von allen Fesseln der Form freimacht und sich selbständig entwickelt: reichlich vorhanden in den Konzerten der Jahre 1785–86. Oder man kann auch feststellen, wie das Instrument, das eben noch der »Eroberer« war, vom Orchester unterworfen wird, das sich seine Rechte, die ihm durch Eintritt des Solos genommen wurden, zurück »erobert«, sogar bis zu einem Grade, daß das Solo das Orchester begleitet und ganz darin aufgeht. Dieses führt naturgemäß zu großer Farbigkeit und Vielschichtigkeit des Ganzen. Aber ohne daß der eine oder andere untergeordnet wird, können sie auch beide zusammenarbeiten, sich gegenseitig stützen und unterstützen.

Eine andere Möglichkeit ist der Gegengesang, meist melodisch, wenn sowohl der eine oder der andere Teil unter oder neben dem anderen eine freie Melodie spielt. Zwischen KV 451 und KV 503 hat Mozart dieses sehr oft angewendet, aber eben nie so eindrucksvoll wie gerade in diesen beiden.

Besondere Bedeutung hat er den Bläsern zukommen lassen, hervorgerufen durch den Einfluß des Wiener Orchesters. Er hat diese in seiner Orchesterkunst vielseitig und geistreich verwendet, und er läßt den Solisten bald mit den Bläsern, bald mit den Streichern konzertieren, oder ihn von den einen oder den anderen begleiten. Wir sehen also zunächst den Einfluß Christian Bachs in seinen frühen Werken, dann die italienischen Einflüsse während und nach den drei Italienreisen (1769–1773).

Nach kurzem Aufenthalt in Wien folgen fast vier Jahre Salzburg, in denen etwa ab Frühjahr 1774 sich ein Wandel in seinem Schaffen vollzieht. Er geht der allgemeinen Tendenz folgend, zum »galanten« Stil über, der im Winter 1774/75 triumphiert und bis zur Abreise nach Mannheim die Oberhand behält.

Zur Vorbereitung auf eben diese Mannheimer (Pariser) Reise war es erforderlich, das Repertoire zu erweitern. Angeregt u.a. durch die französische Pianistin Jeunehomme, die ihm Stücke Pariser Art vorspielte, und der »galanten« Manier sowieso müde, lockt ihn das gefühlvolle Pathos der ihm neuen Pariser Musik. Hieraus entsteht zunächst das »Jeunehomme Konzert« KV 271, in schlichtem und ernstem Stil, mit dafür um so reicherem Gefühlsinhalt. Im Anschluß an Mannheim kommt er bekanntlich nach Paris, wo er u.a. Schobert näher kennenlernt, dem er die förderliche Erkenntnis seiner dichterischen Ader verdankt, und ebenso die Entwicklung eines eigentümlichen romantischen Elements, das sich in seinen Werken zu allen Zeiten hin und wieder bemerkbar macht, bei aller Kraft und Grazie seiner klassischen Art.

Nach Ärger und immer mehr Haß und Zorn in und auf Salzburg, und nach der Abwendung vom Salzburger Hof folgen dann seine eigentlichen Meisterjahre, das Dezennium in Wien von 1781 bis 1791. Im Laufe der Konzertarbeit dieser Jahre entwickeln sich seine Klavierkonzerte, vorbei an der »Entführung«, seiner Soloklaviermusik, wie der c-moll-Sonate und -Phantasie, seinen Streichquartetten, wie den Haydn gewidmeten, zu einer Höhe, die die in erster Linie an bloßer Unterhaltung interessierte Wiener Gesellschaft weit hinter sich läßt.

Eine bezaubernde Kantabilität erfüllt die Konzerte, alle menschlichen Gefühle finden ihren Ausdruck. Wir finden empfindsame, »galante«, poetische, verklärte und aufgewühlte, dämonische Stellen, so wie sich sein Leben gestaltet, seine oft tiefempfundenen Gemütsbewegungen und seelischen Kämpfe finden hier ihren Niederschlag.

Mozarts Klavierkonzerte sind auch gute Belege seiner Tonartenästhetik. Deutlich hebt sich die lichte, sonnige Anmut der A-Dur-Stücke von dem festlichen Glanz der in D-Dur und der gemessenen männlichen Heiterkeit in G-Dur ab. Seinen C-Dur-Konzerten ist sämtlich eine kraftvolle, mitunter etwas »steifleinerne« Würde gemein. Die in Es-Dur enthalten die ganze dunkle Pracht und Hoheit der von Mozart in dieser Tonart geschriebenen Stücke. Ein intimeres, besonders durch die Nähe von g-moll, häufig ins Schmerzliche spielendes Gepräge tragen dagegen die B-Dur-Stücke. Während die in F-Dur wiederum energischere Töne anschlagen.

Klavierkonzerte

»Die Concerten sind eben das Mittelding
zwischen zu schwer, und zu leicht –
sind sehr brillant – angenehm in die
Ohren – natürlich, ohne in das Leere zu
fallen – hie und da – können auch Kenner
allein Satisfaktion erhalten – doch so –
daß die Nichtkenner damit zufrieden sein
müßen, ohne zu wissen warum.«

Wien, den 28.12.1782
Mozart an seinen Vater

Klavierkonzert Nr. 1, KV 175, D-Dur

Allegro, Andante ma un poco Adagio, Allegro
<u>Orchester:</u> Quartett, 2 Oboen, 2 Hörner, 2 Trompeten, 2 Pauken

Mozarts eigentlich erstes Konzert ist, nach längerem Aufenthalt in Wien, im Dezember 1773 in Salzburg entstanden. 1782 hat er es mit einem neuen Schlußrondo (KV 382), wohl dem Wiener Geschmack angepaßt, versehen.

Er wollte mit diesem Werk nicht an das bereits Vorhandene anknüpfen, sondern auf neuen Wegen das Klavierkonzert weiterführen. Dazu hat er reichlich rundherum studiert: Er hat sowohl den Londoner Christian Bach verarbeitet, der die solistischere, dem Klavier gerechter werdende Art vertrat, hat aber auch dem Orchester mehr Eigenständigkeit gegeben, was mehr auf Carl P. Emanuel Bach hindeutet. Dieses beides schließt sich durchaus nicht gegenseitig aus. Er hat aus der Mannheimer Schule, Wagenseil und Dussek, die linke Hand stärker als eigene Stimme mit einbezogen, auch Joseph Haydnsche Formenelemente weiter entwickelt. Dieses Studium der gegebenen Möglichkeiten kommt nun zum ersten Mal in diesem seinem ersten eigenen Klavierkonzert zum Ausdruck, und es ist »reiner« Mozart geworden, wenn auch jugendlicher und unbeschwerter Mozart, insoweit natürlich weit entfernt von den großen Werken seiner Wiener Zeit, aber in seiner Geschlossenheit und Virtuosität ist es ihnen durchaus ebenbürtig. Was man von den nächsten vielleicht nicht unbedingt sagen kann. – Und doch, schön sind sie alle!

<u>Der erste Satz</u> ist ungemein frisch und sprudelnd und festlich-fröhlich, was Mozarts Tonartempfinden bestätigt. Das 1. Thema wird vom Orchester einge-

führt, weniger melodisch als sehr rhythmisch, fast zackig! Wie überhaupt der Charakter des ersten Satzes mehr auf einen kraftvollen Rhythmus hinzielt. Das 2. Thema folgt kurz darauf auch sehr rhythmisch. Das Klavier setzt bald ein (Takt

33) und nimmt sich relativ lange Zeit mit dem 1. Thema, über 30 Takte. Dann greift es das 2. Thema auf, hier nun in die Dominanttonart A-Dur gehend, und es folgt eine noch längere Abhandlung in einem fröhlichen Wechselspiel von Tutti und Solo, wobei genau aufgepaßt wird, daß keiner zu kurz kommt. Dann folgt die Durchführung, sehr kurz, das Solo beginnt mit einer kurzen moll-Episode, aber nur für wenige Takte, dann unterbricht das Orchester mit vollem Einsatz des 1. Themas. Und damit sind alle »Schatten« verscheucht. Die Durchführung bringt erwartetermaßen keine neuen Ideen. Die Reprise folgt wieder in D-Dur und zwar vollständig. Im Gegensatz zu Christian Bach, der oft nur das 1. Thema wiederholt. Es schließt sich die Kadenz an, die offenbar nicht festgelegt ist, und eine kurze Coda. Man hat gerade bei diesem Satz das Gefühl, daß es wirklich nur Musik um der Musik willen ist.

Der zweite Satz ist ein verträumtes Andante in Sonatenform. Er steht in G-Dur; zweite Sätze stehen meistens in der Subdominante der Grundtonart des Konzerts. Das Orchester führt nacheinander zwei träumerische und besinnliche Themen ein, deren erstes durch einen Horn-Vierklang zwischen erster und zweiter Phrase gekennzeichnet ist. Eine Wiederholung dieses Klanges, allerdings nicht G-E-C-G, sondern C-G-E-C, bestimmt den Einsatz des Klaviers, wobei der letzte Ton des Horns mit dem ersten Ton des Klaviers auf wunderbar harmonische Weise zusammenfallen, wie überhaupt in diesem Satz ein sehr inniges Verhältnis zwischen Tutti und Solo besteht, wobei das Tutti auch sparsamer besetzt ist. Das Klavier bringt das 1. Thema, also auch mit Hörner-Vierklang, schiebt dann aber einen eigenen Gedanken dazwischen, sich nach D-Dur wendend. Es wird nach kurzem aber vom Tutti an das 2. Thema erinnert, ebenfalls in D-Dur. Es bleibt bis gegen Ende der Exposition bei D-Dur. Das Klavier schließt sich dem 2. Thema an. Es folgt eine ganz kurze Durchführung, in der das Klavier gegen Ende noch einmal einen neuen Gedanken aufwirft, offenbar um nun aus D-Dur wieder nach G-Dur zurückzufinden. Dieses Mal greift das Tutti den Gedanken auch selbständig auf und führt zur Reprise; ordentlich in G-Dur mit 1. Thema, Klaviereigenem und 2. Thema. Es folgt die Kadenz und eine kurze Coda.

Der dritte Satz ist einer der originellsten Finalsätze Mozarts überhaupt. Er ist dem ersten charakterlich verwandt, aber melodiöser und themenreicher. Gleich zu Beginn werden 4 Themen vom Orchester hintereinander vorgestellt. Zunächst ein kanonartiges, sodann eine Synkopenfolge, daran anschließend ein leichtes melodisches Thema, und den Schluß bildet ein ausgesprochen rhythmisches

Motiv. Nach diesem rhythmischen Abschluß ergreift das Klavier das 1. Thema, aber sehr umspielt. Es kommt im folgenden zu einem guten Dialog zwischen Tutti und Solo, wobei das Tutti immer nur den ersten Teil des 1. Themas »hinwirft«, während das Klavier diese ganze Nacktheit immer wieder freundlich umspielt, quasi bekleidet. Schließlich muß es aber weitergehen, das Klavier wählt sich einen neuen Gedanken, um nach A-Dur – Dominanttonart – überzuwechseln, wobei es auch bis zum Beginn der Durchführung bleibt. Dann bieten die Streicher das 2. Thema an, es wird vom Klavier nicht weiter beachtet, denn das murmelt sich bereits zum 3. Thema hin, das es weitschweifig umspielt. Die Exposition endet mit dem 4., dem rhythmischen, Abschlußthema, das aber auch nicht vom Klavier angenommen wird. In der Durchführung bringt das Klavier, offenbar wieder zum Tonartenwechsel – zu D-Dur zurück –, zunächst ein neues Thema, ein sehr hübsches kurzes Frage- und Antwortspiel zwischen rechter und linker Hand, nur von Oboe und Horn begleitet. Sodann kommt das Orchester mit dem unermüdlichen 1. Thema, das nun bis zur Reprise abgehandelt wird. Die Reprise bringt das 1. Thema, wie gehabt – Orchester, Klavier mit Nachspiel –, das 2. Thema entfällt, dafür wird gleich das 3. Thema vom Klavier vorgegeben, mit langer Ausführung wie in der Exposition. Allein der Schluß, vor Beginn der Kadenz, bringt neuen frischen Wind herein. Es ist der Anfang eines Kanons, der abbricht und die Kadenz beginnen läßt, an der Stelle, an der alle vier Stimmen erstmals vorgeführt sind. Nach der Kadenz folgt nur noch das 4. Thema als Abschluß.

Mozart hat dieses Konzert sehr geliebt und viel gespielt, auf seiner Reise nach Mannheim und Paris und auch später noch in Wien, daher wohl auch der neue Schlußsatz für die Wiener. Es ist lebhaft und leicht. Es kommt noch zu keinen versteckten Tiefen oder Untiefen und schattigen Schlupfwinkeln, es ist offen und frei, reicher instrumentiert als alles Vorherige und Spätere bis 1884. Und es ist vielleicht auch bemerkenswert, daß es eines der wenigen Konzerte ist, die Mozart nur für sich selbst geschrieben hat (daher gibt es wohl auch keine vorgeschriebene Kadenz).

Klavierkonzert Nr. 2, KV 238, B-Dur

Allegro aperto, Andante un poco Adagio, Rondo Allegro
<u>Orchester:</u> Quartett, 2 Oboen, (2 Flöten im Andante), 2 Hörner

Erst zwei Jahre später, im Januar 1776, entsteht das nächste Klavierkonzert in Salzburg. Mozart hat sich in der Zwischenzeit mehr mit anderen Instrumenten beschäftigt, vor allem mit der Violine. Es entstanden u.a. 5 Violinkonzerte. Das spiegelt sich auch in dem folgenden Klavierkonzert Nr. 2 wieder. Man findet hier in vielem die Grazilität wieder, die besonders den Violinkonzerten eigen war. Im ganzen ist es aber ein großer Gegensatz zu KV 175 geworden; wie auch die zwei folgenden Konzerte KV 242 (für 3 Klaviere) und KV 246 gehört es in die Reihe der damaligen gehobenen Unterhaltungs- oder Salonmusik, was ihm allerdings nichts von seiner Schönheit und Musikalität nimmt. Nur ist diese Schönheit hier eben nicht unbedingt mit Tiefe gepaart. «Was ihm fehlt, ein tiefer und konzentrierter Gedanke, fehlt ebenso dem Publikum, für das es geschrieben ist« (Girdlestone); das ist das Ideal der »galanten« Musik, auch der Mozartschen. Statt des Rhythmus in KV 175 finden wir hier nur die vielseitige Verwendung von forte und piano, was ebenfalls ein Merkmal der »galanten« Musik ist. Mozart hat diese Form allerdings auch später noch hin und wieder verwendet. Er hat dieses Konzert 1777 in München und im selben Jahr mit zwei folgenden zusammen bei Stein in Augsburg und bei Cannabich in Mannheim gespielt.

<u>Der erste Satz</u> beginnt mit dem sehr schönen, aber harmlosen 1. Thema, ohne

rhythmische Kühnheiten wie in KV 175, im Orchester. Es folgt das 2. Thema, Seufzer, die sich die 1. und 2. Geigen »zuseufzen«, gefolgt von einer unwesentlichen Abschlußphrase. Das Klavier greift das 1. Thema auf, bleibt aber nur kurze Zeit dabei, führt dann ein eigenes Thema vor (»das Thema des Solos« Christian Bachscher Provenienz!), das außerordentlich melodisch ist. Die Streicher erinnern an das 2. Thema, und das Klavier greift es dann auch auf und umspielt es ein wenig. Die Durchführung läßt den wahren Mozart durchscheinen; wie oft in den »galanten« Werken, wird in der Durchführung etwas Persönliches quasi »Ungalantes« eingeflochten. Das Klavier beginnt mit einer harmlosen Phrase, es folgt ein Aufbegehren der Streicher, und man befindet sich plötzlich in c-moll für ein Arpeggio absteigender verminderter Septimakkorde. Die Streicher schweigen, und nur von den Oboen begleitet, moduliert das Klavier über d-moll nach g-moll, dem parallelen moll zur Grundtonart des Satzes B-Dur, wohin es mit Hilfe der Streicher dann auch zurückfindet. Diese relativ kleine Passage führt uns direkt zu Mozart, auch in diesem kleinen und doch sehr äußerlichen und »galanten« Konzert. Daran schließt sich die Reprise, sie ist vollständig, aber ohne Variationen oder »Füllsel«. Es folgt eine sehr kurze Kadenz, man kann sie kaum als solche bezeichnen. Den Abschluß bilden nur noch ein paar Schlußakkorde, die ziemlich abrupt aufhören.

Der zweite Satz, ein Andante in Es-Dur (Subdominante), ist in der Form einer zweiteiligen Sonate geschrieben, wobei der 2. Teil den ersten mit einigen Veränderungen wiederholt. Der Satz ist schon seiner Stellung nach der grazilere, empfindsamere, noch betont durch sehr gedämpfte Streicher, die Oboe des ersten Satzes ist durch die weichere Flöte ersetzt, und im ganzen herrscht das Orchester vor, oder besser vielleicht, es besteht ein inniges Zusammenspiel beider »Parteien«. Das Orchester bringt das Thema, es wird sogleich vom Klavier aufgegriffen und ausgebaut, und Solo und Tutti umspielen es. Das Ende des ersten Teils, oder der ersten Strophe, ist gekennzeichnet durch eine wehmütige Streicher-Phrase, von der Flöte auf einem Ton überspannt. In der zweiten Strophe, der Wiederholung der ersten, die das Klavier beginnt, kommt zum Hauptthema in Es-Dur noch ein c-moll-Nebenthema hinzu (c-moll-paralleles moll zu Es-Dur). Das Ende wird wiederum angezeigt durch die Streicher-Flötenphrase. Danach folgt die Kadenz und eine kurze Coda.

Der dritte Satz ist ein Rondo und zwar bereits ein echtes mozartsches Rondo, vielgestaltig und rhythmisch. Das Klavier, von sehr zurückhaltendem Orchester untermalt, bringt das Rondo-Thema, das Refrain-Thema (– A –) in der Tonica, das Orchester in voller Besetzung wiederholt es und gibt ihm einen Abschluß. Sodann folgt das Zwischenspiel – Teil B – in der Dominante, bestehend aus vier Themen, die nacheinander aufgereiht werden, wobei die beiden mittleren von lustigem und frechem Hörnerblasen unter- oder übermalt werden. Das Klavier leitet sehr hübsch zurück zum Rondo-Thema – A –. Es schließt sich das zweite Zwischenspiel – C – an, drei sehr pianistische Themen in moll. Dieses ist der Hauptteil, nicht der längste, aber der wichtigste, und man kann ihn, zwar etwas großspurig, als den Durchführungsteil, der Sonate verwandt, betrachten. Hier ist zumindest in diesem Satz, wenn nicht im ganzen Konzert wohl die schönste Stelle. Es liegt sowohl an der Modulation nach moll, das kennzeichnet immer einen besondern Teil, als auch am reinen Klavierpart, der in seiner Brillanz schon fast beethovensche, ja romantische Klangstärke und Fülle aufweist. Wiederum leitet das Klavier zurück zum Rondo-Thema, gefolgt vom letzten Zwischenspiel – D –, das zugleich, wieder in Anlehnung an die Sonatenform, eine Reprise des 1. Zwischenspiels, Teil B, darstellt, allerdings fehlt ihm eines der 4 Themen, nämlich das erste. Den Abschluß bildet eine kurze Kadenz, die sich nur mit dem B-Themenkreis beschäftigt, und eine ebenso kurze Coda, die das Rondo-Thema zum Inhalt hat. Dieser Satz ist bei weitem der inhaltsreichste des ganzen Konzerts.

Klavierkonzert Nr. 3, KV 242, F-Dur
für 3 Klaviere

Allegro, Adagio, Rondo
<u>Orchester:</u> Quartett, 2 Oboen, 2 Hörner

Dieses dritte Konzert ist für 3 Klaviere und offenbar im Auftrag geschrieben, im Februar 1776, für die Schwester des Erzbischofs, Jèrôme Colloredo und deren beide Töchter, Louise und Josèphe. Man sieht an dem Konzert, daß es für sehr ungleich fähige Partnerinnen geschrieben wurde, die 3. Klavierstimme ist völlig unkompliziert (Mozart hat es später auch für 2 Klaviere umgeschrieben). Das ganze Konzert ist nicht sehr bedeutend. Es ist für relativ einfache Gemüter, in einer Zeit der einfachen Gemüter komponiert, und nichts läßt auf ein Studium solcher Kompositionen von J. S. Bach schließen. Es war bei Mozart noch nicht die Zeit für Bach.

<u>Der erste Satz</u> wird vom Orchester eingeleitet. Es bringt das 1. Thema, ein bißchen plump der erste Teil, der zweite etwas zarter und melodischer. Es wird wiederholt und etwas umspielt, und bekommt einen Abschluß. Daran schließt sich sogleich das 2. Thema, etwas musischer, wird auch umspielt, und die Tutti-Exposition wird beendet. Alle drei Klaviere beginnen mit dem 1. Teil des 1. Themas, was besonders martialisch klingt. Das 1. Klavier bringt den 2. Teil allein, die Wiederholung unterscheidet sich nur dadurch, daß der 2. Teil vom 1. und 2. Klavier gebracht wird. Es folgt ein Abschluß, vom Orchester bestätigt, und das 1. Klavier führt noch ein eigenes einfaches Thema ein, in C-Dur (Dominante). Die Umspielung und Hinführung zum 2. Thema wird von allen drei Klavieren bestritten. Auch das 2. Thema bleibt in C-Dur, fast kanonartig wird es von allen dreien eingeführt, umspielt und ausführlich beredet, bis Takt 121, dort kommt der Abschluß der Exposition erst mit, dann ohne Klaviere. Die Durchführung, Takt 135–171, ist total solistisch, die drei Klaviere arbeiten mit einem neuen Thema, ähnlich dem 1. Thema, in C-Dur, nach wenigen Takten folgen einige Takte in c-moll, um dann wieder im richtigen F-Dur zu landen. Die Streicher und Bläser dürfen hin und wieder kleinste Untermalungen bestreiten. Die Reprise ist ziemlich identisch mit der Exposition, lediglich mit kleinen Abweichungen; so beginnt sie mit dem 1. Thema, der 1. Teil

wird vom Orchester gebracht, der 2. vom 1. Klavier, die Wiederholung ist ebenso, nur daß der 2. Teil etwas aufgelockert vom 1. und 2. Klavier bestritten wird. Die Untermalung, die in der Exposition das Orchester führte, haben hier die Klaviere übernommen, das Orchester bringt seinen Abschluß aus der Exposition nach dem 1. Thema (T. 20 ff. = T. 190 ff.). Wiederum kommt das Klavierthema zu Gehör, etwas ausgedehnter als in der Exposition, das 2. Klavier darf ebenfalls das Thema spielen. Es folgen die Umspielungen, wie in der Exposition, und der Abschluß und Übergang zum 2. Thema. Auch dieses haben die Soli für sich requiriert, und das Orchester erhält keine Möglichkeit, das 2. Thema zu intonieren. Nur der Abschluß der Reprise ist dann wieder orchestral und entspricht dem Abschluß des Orchesters nach dem 1. Thema. Es folgt die Kadenz, die ziemlich gleichmäßig auf alle drei Solisten aufgeteilt ist, und eine Coda, und auch da sind nur die letzten Takte rein orchestral mit dem Abschluß der Tutti-Exposition.

Der zweite Satz, das Adagio, ist eine dreiteilige Sonate, Exposition, Durchführung, Reprise, in der Subdominante B-Dur. Auch hier ist es wieder der »beste« Teil des Konzerts, in der »galanten« Art der Stunde, aber eben davon doch das Beste und Eigenste des jungen Mozart. Das Orchester führt nacheinander 2 Themen ein, gerade mal 12 Takte lang, und schon übernehmen die Solisten beide Themen nacheinander, wobei beide reichlich umspielt werden und jeder Klavierpart etwas sagen darf. Noch während der Darstellung des 1. Themas wird nach D-Dur moduliert, wobei es mehr oder weniger bis zur Reprise bleibt (die ist dann wieder in dem, dem 2. Satz gebührenden, B-Dur). Das Orchester bringt nach 31 Takten den Abschluß der Exposition, und es folgt die Durchführung, die nur aus ganzen sieben Takten besteht.

Aber diese sind mit Sicherheit die schönsten und aufregendsten Takte des ganzen Satzes. Über einem unwesentlichen Thema des einen Klaviers malen die anderen wechselweise eine Begleitung, die einmalig ist. »Die spitzigen Zweiunddreißigstel stoßen sich ab, wie perlende Tröpfchen auf dem Canevas des Gesangs, und zaubern ein Feenreich!« (Girdlestone) – Das mußte man übernehmen!! – aber eben nur für 7 Takte! Dann folgt die Reprise, die, ziemlich vollständig, die Exposition wiederholt, aber nun in B-Dur. Eine kleine Kadenz, in der auch noch einmal die spitzigen Zweiunddreißigstel auftauchen, und eine kurze Coda beenden den Satz.

Der dritte Satz, wieder in F-Dur, ist, wie so oft, ein Rondo. 1. und 2. Klavier führen das Rondothema, den Refrain-Teil – A – ein, das Orchester wiederholt, 1. und 2. Klavier geben dem Ganzen einen Abschluß. Die 1. Strophe – B – wird vom 1. Klavier intoniert, und vom 2., unwesentlich verändert, wiederholt. Das wird dann ausdauernd umspielt, umgestaltet und ausgedehnt über immerhin fast 30 Takte. Mit dem Orchester, was bei diesem Tun sonst nur wenig zu sagen hat, gibt es einen Abschluß und vom 1. Klavier eine Überleitung zum Refrain-Thema. Wiederum beginnt das 1. Klavier, Orchester wiederholt, und auch der Abschluß des 1. und 2. Klaviers ist gleich dem nach dem 1. Refrain. Es folgt die 2. Strophe – C – im 2. Klavier, das 1. wiederholt, und das 3. hat bei alldem sehr wenig zu sagen. Es wird wieder umspielt über 15 Takte, das ist aber, wie auch bei der 1. Strophe, nicht sonderlich interessant, weder die Themen, noch deren Verarbeitung. Es ist fröhliches Geplauder feiner Damen. Dieses Mal macht, nach dem gemeinsamen Abschluß, das 2. Klavier die Überleitung zum Refrain. Es beginnt auch den Refrain, vom Orchester wiederholt, diesmal fehlt der solistische Abschluß. Das 1. Klavier bringt gleich die 3. Strophe – D –. Auch diese Strophe wird zwischen den beiden Hauptakteuren, 1. und 2. Klavier, des längeren abgehandelt und verarbeitet (gut 50 Takte), erhält einen gemeinsamen Abschluß mit einer Überleitung beider Klaviere zum letzten Refrain, der hier vom Orchester begleitet wird, und wiederum wird die Orchesterwiederholung von den Soli begleitet, und findet schnell einen Abschluß. Es ist ein vollgültiges mozartsches Rondo, aber eben noch nicht von der Fülle der Gedanken und pianistischen Raffinessen der späteren Rondi.

Klavierkonzert Nr. 4, KV 246, C-Dur

Allegro aperto, Andante, Tempo di menuetto
<u>Orchester:</u> Quartett, 2 Oboen, 2 Hörner

Das Konzert ist im April 1776 entstanden. Mozart schrieb es für die Gräfin Lützow, eine Schülerin seines Vaters. Es gehört wie KV 238 zu der Gattung der damaligen gehobenen Unterhaltungsmusik. Es ist KV 238 auch sonst sehr verwandt, wenn auch vielleicht nicht so kapriziös, das liegt aber sicher auch sehr an der Tonart.

<u>Der erste Satz</u> ist schon im Aufbau dem 2. (238) Konzert sehr ähnlich. Das Orchester führt das 1. Thema ein, strahlend und kräftig, ein ausgesprochenes

C-Dur-Thema. Das 2. folgt etwas verhalten, zumindest in seinem ersten Teil. Das Klavier greift das 1. Thema auf, fügt dann aber, wie in KV 238, ein eigenes Thema hinzu, bezaubernd und etwas versponnen, das später in KV 415 und KV 503, ebenfalls C-Dur-Konzerten, abgewandelt wieder auftaucht. Dann folgt auch im Klavier das 2. Thema. Diese Themenvorstellung ist sehr lang, da alle drei Themen sehr breit angelegt sind. Die folgende Durchführung ist dagegen recht kurz, wie so oft, zumindest in seinen frühen Konzerten. Sie beginnt, indem das Klavier wiederum ein neues, oder fast neues, Thema aufstellt, ein dem »Klavier-Thema« sehr ähnliches, aber doch etwas anderes Thema. Es moduliert aufwärtsstrebend sehr schnell nach moll, ist wunderschön und melodiös, die linke Hand unterstreicht sehr stark den moll-Charakter. Dann folgt das 2. Thema, das 1. Thema entfällt gänzlich in der Durchführung. Eine Eigenart, die absolut nicht einmalig ist: In KV 413, 414, 415, 449, 453, 595 fehlt ebenfalls ein Thema aus der Exposition in der Durchführung. Es folgt die Reprise, die wiederum alle drei Themen enthält. Die Kadenz behandelt nur das 2. Thema, und den Abschluß bildet der zweite Teil des 2. Themas. Außer dem üblichen moll-Teil ist der ganze Satz strahlend und voller Glanz, klar und voller freudiger Zuversicht und festlich, kurz ein rechter C-Dur-Satz. C-Dur ist eben Mozarts

Tonart für höfischen Glanz (Jupitersymphonie KV 551), aber auch die Tonart vieler seiner Credo-Sätze!

Der zweite Satz, ein Andante früh-mozartscher Prägung in F-Dur (Subdominante), ist eine dreiteilige Sonate. Ein bißchen melancholisch, ein bißchen innig, ein bißchen versonnen, aber doch ohne große Tiefen, einfach nur gefällig. Das Orchester stellt zwei Themen vor, das Klavier greift zunächst das 1. auf und schiebt wiederum, ein ähnliches zwar, aber doch eigenes Thema ein. Dieses eigene Thema ist quasi der Diskussionspartner des 1. Themas, alles was dort an Emotionen aufgestellt wird, wird hier »zerredet«. Das kommt besonders in der Durchführung zum Ausdruck, die recht kurz und im eigentlichen Sinne keine Durchführung ist. Aber dieser kurze Teil, der sehr solistisch gehalten ist, ist bemerkenswert. Das Orchester untermalt den Solopart mit Staccato-Rhythmen im »Gegengesang« – Geigen gegen Bässe. Die Reprise ist dafür etwas ausführlicher und ausgeschmückter. Daran schließt sich eine kleine Kadenz und ein sehr kurzer Abschluß. Bis einschließlich KV 449 haben die zweiten Sätze kleine Kadenzen, später entfallen sie bis auf wenige Ausnahmen, z.B. KV 453.

Der dritte Satz wird, wie in KV 238, vom Klavier eingeleitet. Es beginnt mit einem fröhlichen Triller, wie überhaupt der ganze Satz ausgesprochen fröhlich ist, und es ist auch wieder ein Rondo. Das Rondo-Thema – A – ist sehr rhythmisch und sehr einprägsam. Nach dem Klavier greift das Orchester das Thema auf und gibt ihm, auch wie in KV 238, einen Abschluß, in dem bereits das 1. Thema des nächsten Teils angedeutet wird. Der nächste Teil – B – umfaßt vier kurze Themen, wobei das erste nur vom Klavier eingeführt wird, das zweite vom Klavier und Orchester, das dritte wiederum nur vom Klavier gebracht, erhält aber einen orchestralen Abschluß, in dem die Bläser stark hervortreten. Nach diesem eigentlich endgültigen Abschluß erscheint unerwartet noch ein viertes Thema, wiederum nur für das Klavier, eine sehr schöne singende Melodie. Es folgt der Übergang zum Rondo-Thema, das wiederum voll ausgespielt wird. Teil – C –, teilweise in moll, ist etwas ausführlicher behandelt mit nur 2 Themen. Das erste erscheint im Klavier und dann im Orchester, das zweite ist praktisch nur eine Phrase, ein Zwischenstück, und es folgt nochmals das 1. Thema wiederum etwas ausführlicher, und daran schließt sich völlig »unordentlich« das 1. Thema von Teil – B –, und danach die Überleitung zum Rondo-Thema, beides ziemlich solistisch. Diese dritte Folge des Rondo-Themas ist um den Abschluß gekürzt, und der sich anschließende 4. Teil – D – ist praktisch

nur eine Wiederholung des Teils – B –, beinhaltet aber nur die ersten drei Themen. Zum vierten und letzten Mal erscheint das Rondo-Thema, diesmal wieder
vollständig, als Abschluß.

Klavierkonzert Nr. 5, KV 271, Es-Dur

Allegro, Andantino, Rondo Presto
<u>Orchester:</u> Quartett, 2 Oboen, 2 Hörner

Das Konzert ist im Januar 1777 entstanden. Dieses Werk bringt eine große Weiterentwicklung, die sich praktisch »unterirdisch« vollzogen hat, an den Tag. Es kommen allerdings auch von außen einige wesentliche Impulse hinzu. Ganz äußerlich betrachtet, hatte Mozart wohl genug des sogenannten »galanten« Stils, oder anders gesehen, er war nun soweit, sich vom Publikum unabhängig machen zu können (weniger, weil er dessen nicht mehr bedurft hätte, als weil er seinen ureigenen Stil gefunden hatte). Hinzu kam der Besuch der großen Pianistin Mlle. Jeunehomme aus Paris, die ihm einerseits französische Geschmacksrichtungen mitbrachte, und vor der er andererseits natürlich glänzen wollte. Es ist also aus dem eigenen Fundus, den französischen Anstößen und dem Ehrgeiz, etwas Einmaliges zu schaffen, genau das, etwas Einmaliges entstanden. Dieses Klavierkonzert bereicherte auch gleichermaßen sein Repertoire für Mannheim und Paris (Herbst 1777 bis Herbst 1778). Auch später hat er es noch oft gespielt. Das Ganze ist, wie KV 175, unbedingt in die Reihe der späteren großen Werke zu stellen, sowohl in Gedankenverarbeitung als auch äußerer Form.

Der Beginn <u>des ersten Satzes</u> ist eine mozartsche Caprice, die wir nirgends bei ihm wiederfinden werden. Wie ein »Heroldsruf« beginnt das Orchester, und

im nächsten Takt antwortet das Klavier. Das Ganze wiederholt sich, und erst dann fängt der Satz eigentlich an, so wie es sich gehört. Das Orchester führt das 1. Thema oder den 2. Teil des 1. Themas, wenn man den »Heroldsruf« als den 1. Teil auffaßt, ein, umspielt es ein bißchen, und dann folgt das 2. Thema, das ebenfalls aus zwei Teilen besteht, den Abschluß bildet eine wiederkehrende Phrase, im 1. Teil sehr rhythmisch, im 2. Teil eher leise, und ein Abschluß. Dieses Themenmaterial ist für sich genommen sehr zart und durchsichtig und gewinnt erst im gesamten Zusammenklang seine kraftvolle Heiterkeit. Dann folgt der Klaviereinsatz mit einer neuen Phrase, die aber im folgenden keine Rolle mehr spielt. Eine erneute »Heroldspassage« öffnet sozusagen dem Klavier den Zugang zu den vorgelegten Themen, die es nacheinander, und zwar in der Dominanttonart, B-Dur, aufgreift, mit etwas veränderter Reihenfolge. Zunächst ergeht es sich über das »Heroldsthema«, dann greift es das 2. Thema auf, 1. und 2. Teil, den 2. Teil wiederholt das Orchester noch einmal, und es folgt eine kleine solistische Abhandlung endend mit dem Abschluß des 1. Tuttis im Orchester. Den 2. Teil übernimmt wieder das Klavier und das Orchester wiederum den Abschluß. Das Klavier bringt nun einmal kurz des 1. Themas 2. Teil und schon »läutet« die »Heroldsphrase«, immer noch in der Dominante, das Ende der Exposition ein. Es ist eine lange ausführliche Exposition. Daran schließt sich eine kurze Durchführung von etwa 50 Takten (Exposition 160!), die sich mit bereits bekannten Teilen der Exposition befaßt, aber nicht speziell diese Themen verarbeitet, sondern mehr die Verarbeitung derselben aus der Exposition übernimmt. Sie beinhaltet aber immerhin ein wunderbares Zwiegespräch zwischen Oboe und Klavier, von großer Klarheit und Schönheit und durch seine Einfachheit bestechend. Die Reprise beginnt wiederum mit der »Heroldsphrase«, diesmal wieder in der Tonika. Allerdings wieder etwas capriciös: im 1. Teil tauschen Tutti und Solo die Rollen. Die Themen werden noch einmal reichverziert gebracht, enden wiederum mit der »Heroldsphrase« und dem Abschluß wie nach der Exposition. Dann folgt eine Kadenz, die aber nicht alle Themen abhandelt. Die Coda ist wiederum der Abschluß nach dem 1. Tutti, aber das Klavier mischt mit, was eigentlich nicht üblich ist und bei Mozart auch nur noch einmal im c-moll-Konzert vorkommt. Dieser ganze erste Satz ist fröhlich, heiter bis besinnlich, sehr brillant sowohl musikalisch als auch pianistisch.

Der zweite Satz steht in c-moll (paralleles moll), mit Abweichungen. Das ist der erste moll-Satz in einem mozartschen Klavierkonzert. Sowohl von der Besetzung als auch vom Tonmaterial her stoßen wir auf äußerste Sparsamkeit, was nicht hindert, daß kaum ein innigeres Zusammenspiel denkbar ist, trotz vieler solistischer Partien. Es gibt an sich nur ein Thema mit Nebenthemen, was eine besondere Eindringlichkeit des Satzes zur Folge hat. Er hat durchaus etwas Rezitativartiges. Die Streicher, mit Dämpfer fast durch den ganzen Satz, eröffnen das Andante in tiefstem moll, in einem Kanon-Sprechgesang zwischen erster und zweiter Geige. Das Klavier setzt ein, eine Oktave erklimmend, dann fallen die Streicher wieder mit ihrem Thema ein, und das Klavier umspielt sie mit einem singenden Kontrapunkt, endend in Es-Dur. Dieser rasche Wechsel von Dur und moll, der noch öfter eintritt, also Empfindungen und Gedanken unterschiedlichen Klanggutes im schnellen Wechsel zu erleben und weiterzugeben, ist bis zu einem gewissen Grade Mozarts Jugend zuzuschreiben, so kraß finden wir dies später immer weniger. Es bleibt bei Es-Dur über die ganze restliche Exposition, mit einem langen Solo, unterbrochen nur einmal von den Streichern mit einer Phrase ihres ersten Rezitativs, aber auch nach Dur transponiert, auslaufend im innigen Zusammensingen des Solos und der Streicher, einer Art Codetta. Es folgt die Durchführung, in der das Klavier alles Gewesene noch einmal bringt, ohne Neues hinzuzufügen. Im übrigen ist es vollauf damit beschäftigt, allmählich wieder nach moll zurückzufinden. Die Reprise ist dann wieder durchweg in moll, sehr lang und ausführlich, mit einer wunderschönen Zwiesprache zwischen Klavier und erster Geige (Takt 110 ff.). Sie endet in der Kadenz, die das Themenmaterial noch einmal bringt, bis die Violinen (ohne Dämpfer) und die anderen Instrumente das Ende des allgegenwärtigen Themas genau an der Stelle aufnehmen, an der die Kadenz abbricht. Das Klavier führt es dann aber auch zu Ende, und es schließt mit dem ganzen Orchester auf der vollständigen Kadenz. Der ganze Satz steht in großem Gegensatz zu seinen Ecksätzen, und doch bilden sie alle drei eine wunderbare Einheit, trotz der Fröhlichkeit der einen und der ausgesprochenen Innerlichkeit der anderen, vielleicht auch deswegen!

Der dritte Satz ist wieder ein Rondo, wenn auch von sehr einfacher Bauart, nämlich nur A – B – A. Wobei man bei A vielleicht vier Hauptgedanken unterscheiden kann, die in meisterhafter Weise zwischen Solo und Tutti hin- und hergegeben werden. Während B aus dem eher unüblichen (wohl französischer Einfluß) Menuett mit vier Variationen, besteht. Das Klavier herrscht über fast 40 Takte des Anfangs allein, es perlt in herrlicher Melodik über das erste wohl wesentlichste »Thema« gekonnt »vor sich hin«. Dann nimmt das Orchester Thementeile davon auf (Takt 35 ff.), um seinerseits nach wenigen Takten einen neuen Gedanken hinzuzufügen, der dann wieder vom Klavier aufgegriffen wird. Bei Takt 82 führt das Klavier eine neue Episode ein, die lange umspielt und mit den

anderen verarbeitet wird. Es folgt eine Kadenz, eine sehr aparte Stelle für eine
Kadenz, sie endet im Anfangsgedanken, der dann auch vom Tutti wieder aufgenommen und ausgesponnen wird, dann fügt das Klavier noch eine weitere, die
vierte Episode ein (Takt 196). Das reicht dann bis zum Eintritt des Menuetts,
also Teil B. Dieses Menuett ist nochmals als eine Rückbesinnung auf den zweiten Satz auffaßbar, etwas melodisch, tiefer und anspruchsvoller als Teil A. Das
Klavier führt das Menuett ein, es folgen vier Variationen. die auch sehr solistisch
gehalten sind, das Orchester begnügt sich mit ganz zarter Untermalung mal im
Pizzicati, mal ein bißchen moll-Gemurmel. Die Überleitung zum Teil A zurück
erfolgt ebenfalls solistisch. Über mehrere Takte muß das Instrument erst wieder
den richtigen fröhlichen Ton finden. Dieser neue Teil A ist natürlich nicht der
gleiche wie der erste, es kommt alles wieder vor, aber anders zusammengesetzt
und in anderer Reihenfolge. Sehr schön ist dabei die letzte Wiederkehr des 1.
Themas (Takt 424) und zwar zunächst in den Bläsern mit einem Orgelpunkt der
rechten Klavierhand gestärkt. Das Konzert in seiner ganzen Fülle an Gedanken,
Themen und Melodien, die das Genie Mozart erahnen lassen, klingt fröhlich
und beschwingt aus, wie es begann.

Klavierkonzert Nr. 6, KV 365, Es-Dur
für 2 Klaviere

Allegro, Andante, Allegro
<u>Orchester:</u> Quartett, 2 Oboen, 2 Hörner, 2 Fagotte

Zwischen dem letzten und diesem Konzert liegt immerhin eine Zeitspanne von fast zwei Jahren. In diese Zeit fällt seine letzte große Reise über Mannheim nach Paris, mit seiner Mutter, die in Paris stirbt, was die ohnehin nicht so erfolgreiche Reise noch mehr beeinträchtigt. In diesen vielen Monaten entstehen keine wesentlichen Werke. Für Mozart selbst war die Zeit aber außerordentlich lehrreich, sowohl die Zeit in Mannheim, u.a. bei Wagenseil, als auch wegen der neuen französischen Einflüsse in Paris. Man könnte sagen, in diesen knapp zwei Jahren ist er erwachsen geworden, nicht nur musikalisch, sondern auch menschlich. Teilweise doch ganz auf sich selbst gestellt, hatte er einige Querelen zu überstehen, das stärkt den Menschen in vieler Hinsicht.

Er kehrt im Januar 1779 unter das »Joch« seines Erzbischofs zurück, das letzte Mal –. Und er empfindet die Enge unter seinem Herrscher und auch die Enge der Stadt Salzburg doppelt, was auch in einigen seiner Werke zum Ausdruck kommt. Nicht allerdings in dem nun folgenden Konzert für 2 Klaviere. Dieses konnte er nur schaffen, indem er sich über den damaligen Publikumsgeschmack und Zeitgeist hinwegsetzte, und dieses ging wiederum nur, weil er es offensichtlich für sich und seine Schwester Nannerl geschrieben hat. Nur für zwei so aufeinander eingestimmte Menschen konnte er das schreiben. Es ist eine Weiterentwicklung auch im Vergleich zum Voraufgegangenen, es strahlt daneben große Fröhlichkeit aus, doch tiefer empfunden, und die Fülle von Ideen wird in größerer Breite vorgetragen. Es ist einfach reifer.

<u>Der erste Satz</u> beginnt in den Streichern mit einem großartigen Motiv, zunächst ist es nur wie ein Aufruf zum Marsch, aber nur für die ersten 2 Takte, dann marschiert das 1. Thema, aber es marschiert keineswegs, sondern es ist breit angelegt, schlängelt sich eine gute Oktave hinauf, und noch »schlängeliger« wieder hinunter. Hier tritt dann das ganze Orchester in Aktion, es umspielt das Thema, moduliert nach moll und wieder zurück und endet auf dem Do-

minantseptakkord. Unter leisen, immer wieder gleichen Tönen der 1. Geigen
spielen die 2. Geigen und die Bratsche, auch sehr piano, ein rhythmisches kleines
Thema, das »falsche« 2. Thema, ein bißchen eine Umkehrung des 1. Themas.
Sie wiederholen es lauter, gemeinsam mit den Oboen, und nochmals forte auch
noch mit den Fagotti, und versehen es, und damit die Tutti-Exposition, mit
einem triumphalen Abschluß. Die Klaviere treten gemeinsam, solistisch, mit
des 1. Themas ersten 2 Takten, eine Oktave höher, auf, und das eigentliche
Thema führen sie nacheinander ein, geben ihm unverzüglich einen Abschluß,
den das Orchester mit einem Bruchteil (nämlich Takt 48/49) seines eigenen
Abschlusses nochmals bestätigt, mehr wird ihnen nicht zugestanden. Aber es
wirkt sozusagen doppelt abschließend: Diese »Epoche des 1. Themas« ist nun
erledigt, und nun wenden wir uns neuen Dingen zu. Die Soli begeben sich auf
ein neues Abenteuer mit einem ihnen eigenen Thema, dem Klavierthema. Mit
einem Dezimensprung beginnen sie das neue Thema nacheinander, über jeweils
4 Takte, umschreiben es ein bißchen. Sodann führt das 2. Klavier den 2. Teil
seines Themas vor und zwar in B-Dur (Dominante) und nur dieses eine Mal
ohne Wiederholen, ohne Ausmalen. Das 1. Klavier begleitet diesen Teil mit
»rieselnden Kaskaden«. Das Orchester erhält nur noch einen Takt, den es sozusagen als Barriere setzt, denn nun beginnt das 1. Klavier mit dem eigentlichen
2. Thema, das nichts mit dem hübschen kleinen Thema aus der Tutti-Exposition
gemein hat. Auch dieses Thema hat zwei Teile, der erste gehört dem 1. Klavier,
»es schreitet humpelnd voran«, der zweite Teil, dem 2. Klavier, folgt auf dem
Fuß, von einem Triller des 1. Klaviers geleitet. Daran schließt das 1. Klavier
noch eine dritte Phrase sozusagen eine Art Coda. – Wenige Konzerte Mozarts
sind so themenreich, was zur Folge hat, daß für »Kunstfertigkeiten« bislang
kein Platz war. Nun folgen sie zwar, aber sozusagen auf höherer Ebene. Es sind
immer wieder neue Motive, die die beiden Soli sich zuwerfen, funkelnd und

ausdrucksvoll, endend mit einem Triller auf der Dominante, der die Exposition fast abschließt. Das Orchester, was eigentlich nur Statist in diesem rauschenden Töne-Fest war, nimmt nun, wo es freie Bahn hat, zwar auch nur Vorhandenes, nämlich einen Teil des Tutti-Abschlusses aus der ersten Exposition, um die ganze Exposition zu beenden. Es folgt die Durchführung, angeregt durch das Orchester greift das 1. Klavier ebenfalls auf ein Motiv aus der Tutti-Exposition zurück (Takt 18 ff.), allerdings nach g-moll transponiert, vom 2. Klavier wiederholt und nochmals vom 1., endend auf c-moll. Man sollte meinen, daß dieses nun als Durchführungsthema abgehandelt würde, weit gefehlt, Mozart ist so randvoll mit Ideen, daß er sich nicht bei einem Thema oder einer Phrase aufhält. Schon gleich wird vom 2. Klavier eine neue Phrase angespielt, eine »kriegerische«

Phrase, deren Thema in der linken Hand des 2. Klaviers bleibt, während die Rechte und das 1. Klavier sich abwechselnd in »wilden« 16teln ergehen. Aber es ist ein »Papiertiger«, der da besiegt werden soll, das findet schnell ein Ende und beeinträchtigt in keiner Weise die fröhliche Stimmung. Ein weiteres Thema

wird vom 2. Klavier aufs Tapet gebracht, – das letzte – zweimal wiederholt, und von den Oboen unterstützt als eine Art Echo. Einige Takte perlen nun abwechselnd die Tonleitern in die Höhe und auch wieder nach unten, endend auf dem Dominantseptakkord. Nun ergreifen die Streicher die Gelegenheit, ihr eigenes 2. Thema noch einmal zu Gehör zu bringen, sofort greift das 2. Klavier es auf.

Das ganze, also mit Bläsern, Orchester wiederholt, und die Soli machen einen Abschluß der Durchführung.

Bislang waren alle Reprisen der Klavierkonzerte mehr oder weniger Wiederholungen der Exposition. Hier nun nicht unbedingt, obwohl es zunächst so aussieht. Des 1. Themas erster Teil wird vom Orchester intoniert, quasi als Echo wiederholt das 1. Klavier ohne Auftakt, dafür in moll. Es bleibt bei moll auch beim zweiten Teil des 1. Themas, im 2. Klavier zweimal und dann auch im 1. Klavier zweimal. Daran fügt sich der zweite Teil des Klavierthemas, wieder zurück in Dur, im 2. Klavier. Wie in der Exposition schiebt das Orchester einen Takt zwischen dieses und das eigentliche 2. Thema, dessen erster Teil von beiden Klavieren nacheinander gebracht wird, der zweite Teil dann nur vom 1. Klavier, dafür bekommt das 2. die Coda-Phrase. Nun erscheint plötzlich noch mal das 1. Thema in beiden Soli, daran schließt sich für einige Takte eine kunstvolle Modulation. Dann leitet das Orchester zur Kadenz über, die im übrigen nicht vorgeschrieben ist, auch ein Zeichen, daß Mozart dieses Konzert für sich (und seine Schwester) geschrieben hat. Das Orchester schließt den Satz, wie es die Tutti-Exposition geschlossen hat.

Dieser <u>zweite Satz</u> ist ein zauberhaftes kleines Andante, auch wieder in Sonatenform. Die Streicher führen das 1. Thema ein, wobei die Oboen tatkräftig mit einstimmen. Das Thema ist zweigeteilt, erst eine etwas seufzende kleine Melodie und dann ein reich mit Trillern aufgelockerter, tänzelnder, rhythmischer Abschluß. Das ist aber auch so ziemlich das einzige, was dem Orchester für den Rest des Satzes bleibt. Sofort nehmen die Soli das Thema auf, und zwar das 2. Klavier unter dem Triller des 1. Klaviers. Nahtlos fügt das 2. Klavier ein 2. Thema an, ein schlängeliges, das vom 1. kanonartig, eine Terz tiefer aufgenommen wird – vier orchestrale Töne als Zäsur –. Dann spielen die beiden Klaviere zusammen, aber abwechselnd noch eine neue frische Phrase endend auf dem Dominantseptakkord. Hier kommt nun das Orchester noch mal zu Wort mit seinem 2. Teil des 1. Themas (T. 7 ff.), der übrigens immer nur vom Orchester intoniert wird. Aber das ist noch nicht das Ende der Exposition, sondern es folgt noch ein zauberhaftes Zusammenspiel von 1. und 2. Klavier mit der Oboe. Die Oboe hat eine kleine Phrase, die so richtig rundrum umspielt wird, es wiederholt sich die Oboenphrase, aber die Umspielung wird nochmals neu gestaltet. Eine wunderschöne Passage. Das Orchester macht ein Ende mit der Exposition mit einer richtigen Abschlußphrase, die in der Reprise noch zu größeren Ehren kommen wird. Es folgt eine kleine Durchführung von knapp 20 Takten. Wie im 1. Satz, lauter neue Phrasen, die kommen und gehen, und sich nicht um das Prinzip Durchführung kümmern, fast rein solistisch. Die Reprise entspricht fast wörtlich der Exposition. Hier führt allerdings gleich das Klavier das 1. Thema vor, von einem Triller im 2. Klavier begleitet, und ohne Umschweife wird das 2. Thema vom 2. Klavier gleich angeschlossen, wiederum kanonartig vom 1. Klavier nachgespielt. Alles geht seinen Gang, die »Abwechslungsphrase«, die orchestrale Abschlußphrase des 1. Themas, das schöne »Oboenthema«, und der Abschluß des Orchesters, der vom Ende der Exposition. Diesen nun nehmen die beiden Klaviere noch mal auf, und zwar das 1. Klavier, das 2. mit bewegten 32teln, und so bringen sie den Satz, ganz zum Schluß alle gemeinsam, zu Ende.

Der <u>dritte Satz,</u> ein Rondo. Nachdem die Rolle des Orchesters in den beiden vorhergehenden Sätzen eigentlich gleich Null war, hat es im Rondo doch durchaus eine Aufgabe und Daseinsberechtigung. Es besteht eine große Themenverwandtschaft vor allem zum Refrainthema, und die »Machart« ist stellenweise schon anders als in andern Rondi. Mit Sicherheit ist es der interessanteste Satz dieses Konzerts. Das Tutti beginnt mit dem Refrain (A), und der gehört ihm erst mal ganz allein. Schon die 1. Strophe (B) ist dem Refrain verwandt mit anderem Rhythmus und detaillierter Ausführung. Das 1. Klavier führt sie allein ein, das Orchester wirft einige Takte dazwischen, das 2. Klavier wiederholt eine Oktave tiefer, mit einem kleinen Zwischenruf von Oboe und Horn. Das ganze Orchester, das seine Erstarrung aus den ersten Sätzen überwunden hat, setzt sich nochmals mit dem Abschluß des Refrains (T. 33 ff.) in Szene, und die Solisten nehmen es sogar auf, und wiederholen den Tutti-Teil, ehe sie sich gemeinsam ins Abenteuer stürzen. Der eine mit einer Kaskade von 16teln, der andere in Triolen (T. 87–98). Das 1. Klavier endet zuerst und gibt eine melodische Begleitung zu einer rhythmischen Phrase des 2. Klaviers. Dann wechseln die Rollen, und das Orchester gibt eine Begleitung hinzu (T. 113–127) mit einem Abschluß. Der Zeitpunkt der Rückkehr zum Refrain ist gekommen, und Mozart zelebriert das hier in einer unverwechselbaren, einmaligen Art und Weise. Mit einem Fragment, das entfernt an den Refrain erinnert, beginnt das 1. Klavier, das 2. wiederholt, das 1. macht ein Echo, auch das wiederholt das 2.. Dann geht es weiter mit zwei ganz einfachen Fragmenten, einmal eine Tonleiter von 5 Noten und dazu 2 Terzen des B-Dur-Akkords im Wechsel, unter Zuhilfenahme von Oboe und Horn als Unterstützung, und geradezu traumwandlerisch katapultiert Mozart uns Hörer, und Leser, in den Refrain (T. 142–170).

Diesmal wird der Refrain vom 1. Klavier intoniert und das Orchester wiederholt – und Schluß. Die 2. Strophe (C) beginnt im parallelen moll – c-moll –, und wird vom 2. Klavier vorgetragen, vom 1. Klavier mit 16tel-Oktaven begleitet. Es folgt der Wechsel der Soli und zugleich eine Streicheruntermalung in freien Rhythmen. Die folgenden Arpeggien der Soli werden vom Orchester mit einer Phrase, die auch wieder an das Refrain-Thema erinnert, beantwortet. Man moduliert über g-moll, f-moll, Es-Dur, g-moll, c-moll. Und wieder beginnt eine ungewöhnliche Rückkehr zum Refrain. Das 2. Klavier spielt den ersten Teil des Strophenthemas, wie dort mit Oktaven im 1. Klavier und orchestraler Begleitung. Das 1. Klavier kommt nun mit einem Motiv des Themas – in f-moll –, das 2. Klavier wiederholt unter Trillern des 1., und es wird von G-Dur bis Es-Dur moduliert mit nur noch Fragmenten (T. 270–296). Und man wird wieder »schlafwandlerisch« in den Refrain geführt, der diesmal vom 2. Klavier intoniert wird, und vom Orchester wiederholt. Es gibt größere und aufwendigere, interessantere Rondi in der Folgezeit, aber kaum eines mit solch großartigen Übergängen zum Refrain. – Die dritte Strophe (D) hat sich nun erstmal das Refrain-Thema zum Thema gemacht. Das 1. Klavier führt es ein in As-Dur, das 2. wiederholt in b-moll einen Ton höher, das 1. nochmals einen Ton höher in c-moll. Dann geht es abwärts auf der Tonleiter mit einem Abkömmling des Refrainthemas 1. und 2. Solo abwechselnd mit etwas Orchester-Untermalung (f – e – d – c – b –) (T. 357 ff.). Und man ist wieder bei B-Dur, wenn das Tutti seinen schon bekannten Abschluß bringt (T. 371 ff.). Nach diesen Eskapaden kehrt man nun zum »gewöhnlichen« Rondo zurück und bringt die 1. Strophe in Abwandlungen und reichen Ornamentierungen. Sie schließt auf der Tonica Es-Dur nach kurzem üblichen Tuttiabschluß. Es folgt die Kadenz und eine Coda, die nochmals sehr solistisch bestritten wird – und wieder mit Anklängen an das Refrain-Thema. Die Schlußtakte gehören dann aber doch wieder dem Tutti. Ein Rondo-Satz, der sich in weiten Teilen um das Refrain-Thema dreht, auch nicht gewöhnlich, und sehr, sehr schön.

Klavierkonzert Nr. 7, KV 413, F-Dur

Allegro, Larghetto, Tempo di Menuetto
Orchester: Quartett, 2 Oboen, 2 Hörner (2 Fagotte nachträglich)

1781 bricht Mozart endgültig mit Salzburg und dem Erzbischof, er geht nach
Wien. Er will frei leben, frei arbeiten, nur »seinem Genie« leben und auch in
seinen privaten Dingen frei sein. Die drei folgenden Konzerte von 1782/83, die
ersten aus Wien, (413, 414, 415), sind bis zu einem gewissen Grade »Einfüh-
rungsstücke« für die neue Gesellschaft, und für diese gilt vielleicht besonders
der anderwärtig schon zitierte Satz Mozarts, »sie seien ein Mittelding zwischen
zu schwer und zu leicht … und für alle etwas!« – Sie bilden aber in sich eine
homogene Gruppe, vielleicht oder gerade auch wegen ihrer nicht allzu großen
Bedeutung. Zwei ihrer Rondi allerdings ragen heraus aus dieser Gemeinschaft
und wohl auch innerhalb all seiner Rondi (413 und 415). Beschaut man sich das
Ganze näher, so gibt es doch so manches zum Staunen!

Der erste Satz ist erstens sehr lang, sehr viel länger als alle vorherigen, und er
ist sehr solistisch, keine Spur von Gleichberechtigung zwischen Solo und Tutti.
Man merkt, daß er sich seinem neuen Publikum auch und vor allem als Virtuose vorstellen möchte. Er ist unglaublich einfallsreich in den Möglichkeiten,
dasselbe anders auszudrücken. Dieser Satz ist einer der wenigen 1. Sätze, die
im 3/4-Takt stehen (449, 491). Er beginnt mit einer rhythmischen Phrase von
vier Takten, gefolgt von einer kontrastierenden melodischen von 8 Takten, die
zusammen das 1. Thema bilden, eingeführt vom ganzen Orchester. Es folgt

sehr bald das 2. Thema, dem 1. sehr ähnlich, auch im Aufbau. Es wird kurz abgehandelt von den Streichern, am Ende gesellen sich die Bläser noch hinzu. Ein kurzer Übergang, das Orchester wird »dünner«, um dem Eintritt des Solos volle Geltung zukommen zu lassen. Das Klavier fällt, vor lauter Ungeduld auch etwas sagen zu wollen, schon in den letzten Takt ein. Es beginnt mit seinem eigenen, dem dritten, den ersten beiden ebenfalls sehr verwandten Thema. Diese Art, eine einzige große Themenfamilie abzuhandeln, ist doch schon sehr reizvoll. Danach intoniert das Orchester wieder das 1. Thema, und zwar den ersten Teil, den zweiten übernimmt das Klavier. Nach kurzem Zwischenspiel folgt eine sehr pianistische Episode mit »gekreuzten Händen«, die sehr eindrucksvoll und bestimmend innerhalb des Satzes ist. Dafür spricht, daß sie eine der wenigen ist, die in der Durchführung nochmals abgehandelt wird. Es folgt auch das 2. Thema erst im Orchester, dann etwas umspielt im Solo, und ein langer Abschluß. Die Exposition ist sehr lang und vielgestaltig. Die Durchführung ist dagegen relativ kurz. Das Klavier beginnt mit einem weiteren etwas anders gearteten Thema in c-moll, es wird ein bißchen moduliert von c-moll nach g-moll (Subd. Parall. v. F-Dur) und weiter nach d-moll (Paral. moll v. F-Dur). Aber hierfür benutzt er nun schon die pianistische Episode mit den »gekreuzten Händen«, das Ganze ist mehr oder weniger solistisch. Die Reprise (T. 134) ist ziemlich vollständig, sie beginnt, wie die Soloexposition, mit dem Klavierthema. Daran schließt sich sehr schnell das 1. Thema, erste Hälfte im Orchester, zweite Hälfte das Solo, die pianistische Episode, das 2. Thema, wieder unterteilt, zunächst das Orchester, dann das Solo leicht variiert und der Abschluß. Nach einer kleinen Kadenz folgt die Coda und beschließt den Satz.

Der zweite Satz steht, wie die Mehrzahl Mozarts 2. Sätze in der Subdominante, also in B-Dur. Es ist ein leichtes anspruchsloses Larghetto mit eigentlich nur einem Thema. Und dieses Thema ist eine hübsche einfache Melodie, nur für die rechte Hand (bzw. erst mal für die 1. Violine), während die Linke eigentlich pausenlos Bassi Alberti spielt. Das Orchester führt das Thema ein, und das Klavier greift es sofort (T. 9) auf, leicht umspielt. Es wiederholt es in D-Dur ebenfalls etwas ausgedehnter. Dann folgt die vielleicht schönste und bedeutsamste Phrase, die den Satz quasi in zwei Teile teilt. Dieses träumerische, gefühlvolle sehr mozartsche Zwischenspiel zeigt, en miniature, die Möglichkeiten, die Mozart eigentlich zu Gebote stehen. In diesen wenigen Takten, die am Ende vor der Kadenz nochmals auftauchen, läßt er sich ein bißchen über die Schulter sehen. Danach bringt das Klavier noch zweimal das eigentliche Thema reich umspielt. Es folgt, wie angekündigt, die »schöne Phrase«, eine kleine Kadenz und eine kurze Coda. Dieses ist wohl einer seiner unwesentlichsten 2. Sätze, sehr hübsch und »ins Ohr gehend«, aber ohne tieferen Eindruck zu hinterlassen.

Der dritte Satz ist dem ersten ebenbürtig und in seiner Darstellung herausragend, sowohl was die Themen als auch ihre Behandlung anbelangt. Er ist ein Rondo, in Es-Dur, und unüblich mit nur zwei Strophen statt drei (A – B – A – C – A). Das Orchester bestreitet den ganzen A-Teil allein. Dieser Refrain ist 32 Takte lang, und diese sind nochmals in 4 Phrasen unterteilt, die wiederum teilweise nochmals in je 4 Takte zerlegt werden. Dieses unübliche Prinzip macht wohl vor allem den Reiz dieses Rondos aus. Der Refrain, wie er eingangs gebracht wird, erscheint so nie wieder. Es werden Teile anders zusammengefügt oder mit neuen variiert. Dazu kommt, daß »Kleinsteinheiten«, also einige dieser Vier-Takter, frech eingeworfen werden in den B- oder C-Teil, wobei es sowieso keine ganz klare Abgrenzung gibt, weil auch die Themenkreise im B- und C-Teil, ähnlich wie im ersten Satz, mit denen des Refrains innig verwandt sind. Das Klavier bringt zunächst allein die erste Strophe (B) und wiederholt die Phrase. Es wird unterbrochen vom Orchester mit dem 1. Vier-Takter der 2. Hälfte des Refrains. Das Klavier greift diese Phrase auf und variiert sie (sie wird im C-Teil nochmals aufgegriffen und noch reicher variiert). Wiederum springt das Orchester dazwischen mit dem 2. Vier-Takter der 2. Hälfte des Refrains, um sozusagen den Refrain schon mal wieder in der Vordergrund zu schieben. Auch diese Phrase wird vom Klavier aufgegriffen und kurz abgehandelt. Dann greift das Klavier weiter in die Rechte des Orchesters ein und bringt den Refrain, d.h. die 1. Phrase (8 Takte). Diese werden im Verbund mit den Oboen und Hörnern wiederholt und ausgesponnen, wobei die linke Hand auflockernde Triolenbegleitung spielt. Und schon schließt der Refrain nur mit den letzten vier Takten. Es folgt Teil C, die 2. Strophe, ebenfalls vom Klavier eingebracht mit einer neuen Phrase, die mehr oder weniger solistisch abgehandelt wird, und wiederum, wie beim B-Teil, von den Streichern mit den ersten 4 Takten der 2. Hälfte des Refrains unterbrochen wird. Das Klavier nimmt dieses auch wieder auf und verfolgt es längere Zeit. Es kommt dann wieder auf den Refrain zurück, mit der 1. Phrase, zum letzten Mal. Dieses Mal wird aber ausgiebig damit gearbeitet, es ist der längste und ausgefeilteste Teil des Rondos. Abwechselnd erscheint die Phrase im Klavier und in den Streichern, die Bläser gesellen sich hinzu und bringen ihrerseits die

Phrase ins Gespräch, es wird reich ausgeschmückt und variiert und allmählich zum Ende gebracht. Ein großartiges und aufregendes Rondo in einem sonst eher unaufregenden Konzert.

Klavierkonzert Nr. 8, KV 414, A-Dur

Allegro, Andante, Allegretto
<u>Orchester:</u> Quartett, 2 Oboen, 2 Hörner

Dieses ist also das zweite Konzert aus Wien. Es ist ebenfalls 1782/83 entstanden, auch als Einführung und Vorstellung für das neue Publikum gedacht. Es ist allerdings einfacher als das Vorhergehende, aber auch persönlicher, und poesievoller. Hier findet man auch ein Beispiel für Mozarts Tonartenästhetik – A-Dur steht für »sonnige« Anmut!

Die Themen <u>des ersten Satzes</u> sind fast so zahlreich und verwandt, wie die des Vorgängers. Doch ist die Verwandtschaft eher kaschiert, die Themen sind alle voneinander getrennt durch Kadenzabschlüsse, sei es in der Tonica oder der Dominante. Ihre Ausdruckskraft wird unterstrichen durch öfteres Wiederholen. Das Orchester beginnt mit dem 1. Thema, einem melodischen graziösen und

vielleicht ein bißchen nachdenklichen Thema und wiederholt es sofort. Es folgen ein paar Takte quasi Überleitung zum 2. Thema, eine in sich geschlossene Unterhaltung zwischen Bläsern und ersten Geigen. Dieses kurze Intermezzo kommt nicht wieder vor, es wird in der Reprise durch das 1. klaviereigene Thema ersetzt, es schließt auf der Dominante. Nun setzt das 2. Thema ein, eher rhythmisch, vielleicht ein bißchen marschähnlich. Seine Wiederholung oder Verlängerung ist eine sehr graziöse Passage abwärtslaufender Töne im Wechsel zwischen 1. und 2. Violine, endend auf der Tonica. Es folgt erstmalig noch ein 3. Thema, zu einem Zeitpunkt, an dem man eigentlich die Exposition schon für beendet hält (T. 50 ff.), das ebenfalls wiederholt wird, das aber nur in der Reprise wieder erscheint.

Eine Kadenz auf der Tonica beendet das Thema und damit auch die Themenvorstellung des Orchesters. Erst jetzt bei Takt 64 beginnt das Solo. Ganz ordentlich und ohne Hast bringt es zunächst das 1. Thema, in der Wiederholung leicht verziert und vom Orchester begleitet. Dieses wird wiederum durch eine Kadenz auf der Tonica beendet, und das Klavier führt nun sein eigenes Thema ein, den anderen unähnlicher, melancholischer. Es wird sehr bald nach E-Dur moduliert, wo man für längere Zeit bleibt, in einer sehr solistischen Phase, sehr hübsch und vielgestaltig, hin und wieder in seinem Redefluß vom Orchester bestätigt. Dieses führt dann, immer noch in E-Dur, das 2. Thema vor, die Wiederholung wird vom Klavier übernommen und fortgesponnen. Eine erneute Kadenz auf E zeigt das Ende der Exposition an. Die Durchführung beginnt zunächst solistisch mit einem neuen Thema, und das beherrscht die Durchführung ziemlich ausschließlich. Es wird wiederholt, abgewandelt, erweitert, nach fis-moll transponiert (paralleles moll von A-Dur). Hier liegt die größte Stärke und Aussagekraft des Satzes. Es ist ein gutes Zusammenspiel zwischen Orchester und Solo mit fast dramatischen Punkten. Über die Kadenz in E-Dur und eine absteigende Tonleiter über 3 Oktaven beendet das Klavier auf dem Dominantseptakkord von A-Dur die Durchführung. Es folgt eine Generalpause. (Die ganze Durchführung hat nur 43 Takte gedauert.) Dann beginnt das Orchester mit dem 1. Thema die Reprise. Sie bringt alle Themen noch einmal, ist also vollständig, aber in anderer Reihenfolge und komprimierter. So folgt auf das 1. Thema gleich das Klavierthema, dann erst das 2. Thema, dieses wiederum aufgeteilt zwischen Tutti und Solo, hier wird es noch einmal etwas ausführlicher abgehandelt. Die Streicher bringen das 3. Thema, und das Klavier greift es leicht verändert auf. Es folgt noch ein hübsches Zusammenspiel Aller rund um das letzte Thema. Den Abschluß bildet das Orchester mit dem besonders hübschen Anhängsel des 2. Themas, und dann folgt die Kadenz. Hier hat Mozart zwei, eine leichtere und eine schwerere längere geschrieben. Eine kurze Coda beendet den Satz.

Der zweite Satz, ein Andante, ist in Sonatenform geschrieben, man könnte es eine Minisonate nennen, er steht in D-Dur (Subd.) und ist im Gegensatz zu den beiden anderen aus dieser Zeit sehr viel tiefer, poesievoller und interessanter.

Das Orchester bringt das 1. Thema und das zweite gleich danach. Das 1. ist melancholisch und nachdenklich, das 2. erinnert sehr an das 1. Thema des ersten Satzes. Die beiden Themen werden abgeschlossen durch eine sehr hübsche und poesievolle Phrase, die später in der kurzen Durchführung einen wesentlichen

Bestandteil derselben bildet. Sodann kommt das Klavier mit dem 1. Thema, schickt dazwischen, kurz umspielt, ein eigenes, das aber nur hier und jetzt zum Zuge kommt. Dieses ist zwar für den ersten Satz üblich, im Andante aber höchst selten, wir finden es nur noch einmal in KV 503. Es folgt auch gleich das 2. Thema im Klavier, und zwar in A-Dur und der Abschluß der Exposition. Die kleine Durchführung, wenn man es überhaupt als solche bezeichnen kann, ist ein sehr schöner und reicher Teil des Satzes. Das Klavier greift die Endphrase der Tutti-Exposition auf, verändert und umspielt sie, vom Orchester sparsam begleitet. Unter einem Triller des Solos greifen die Streicher die Phrase kurz auf, aber das Solo übernimmt abgewandelt sogleich wieder. Dieses klingt schon rein bildlich in einer großen Schwingung aus, und ein kurzer Übergang führt zur Reprise, die zunächst vom Klavier allein mit dem 1. Thema begonnen wird. So rein und allein klingt dieses Thema noch melancholischer. Es schließt sich gleich das 2. Thema an mit sehr zurückhaltender Orchesterbegleitung. Nach kurzer Umschreibung dieses Themas, wieder sehr schön und melodiös, folgt die Kadenz und eine kurze Coda.

Der dritte Satz ist ein Rondo, nicht so interessant und witzig wie sein Vorgänger, aber doch auch sehr hübsch und sicherlich sehr eingängig. Dieses Rondo umfaßt ebenfalls nur zwei Strophen (A – B – A – C – A). Das Orchester beginnt allein mit dem dreiteiligen Refrain, einer sehr fröhlichen und spritzigen 1. Phrase folgt eine unisono Phrase, die etwas besinnlicher und schwerfälliger klingt, bedingt schon durch die Einstimmigkeit, und einer Schlußphrase, die aber weiter keine Rolle spielt. Das Klavier bringt allein die 1. Strophe, ein sehr schönes melodisches Thema. Einmal wiederholt, wenig umspielt, und rasch beendet. Schon folgt wieder der Refrain, und zwar mit der mittleren, der unisono Phrase, vom Orchester eingeführt, wird sie sogleich vom Klavier übernommen und dann weit und breit abgehandelt in einem doch schon ganz beträchtlichen Zusammenspiel von Orchester und Solo. Kurz wird dann doch die 1. Phrase, zunächst vom Klavier, dann aber auch vom Tutti behandelt. Die Streicher schließen dann mit der 2. Phrase den Refrain ab. Die 2. Strophe erklingt ebenfalls wieder erst im Klavier, wird dann aber auch vom Orchester aufgenommen und ein bißchen umspielt. Aber auch hier wird nicht groß abgehandelt, es erscheint sehr schnell wieder der Refrain, wieder mit der 2. Phrase und einer längeren, sehr schönen reich ausgestatteten Ausführung beider Klangkörper, die in der Kadenz endet. Es liegen wieder 2 kurze Kadenzen vor. Aber danach nun hat sich Mozart wieder etwas ausgedacht, um das Publikum zu überraschen. Die Kadenz behandelt mehr oder weniger die unisono Phrase. Aber dann bringt das Klavier eine fast »wörtliche« Wiederholung der 1. Strophe. Das Orchester greift sie für 2 Takte auf, das Klavier für noch einen weiteren, und beide zusammen umspielen sie nochmals für wenige Takte. Nach einem kurzen Abschluß bringt das Klavier nun noch mal die 1. Phrase des Refrains, den das Orchester beschließt. Also nach der Kadenz läßt Mozart das Klavier nochmals zu Wort kommen, und zwar nicht nur in irgendeinem Schlußgemurmel, sondern ganz eindeutig erstmal für seine »eigene« Strophe und dann die 1. Phrase des Refrains; vielleicht um dem Übergewicht der 2. Phrase innerhalb dieses Satzes ein bißchen die Spitze zu nehmen?! Es ist ein einfacher Satz, aber auch hier hat Mozart es verstanden, mit kleinen Mitteln etwas Besonderes zu gestalten.

Klavierkonzert Nr. 9, KV 415, C-Dur

Allegro, Andante, Allegro
<u>Orchester:</u> Quartett, 2 Oboen, 2 Fagotte, 2 Hörner, 2 Trompeten 2 Pauken

Dieses ist das 3. Konzert aus Wien (1782), es ist nicht so einheitlich wie die voraufgegangenen Konzerte, aber es ist bei weitem reicher orchestriert. Mozart hat inzwischen Bach und Händel studiert, hat sich mehr mit dem Kontrapunkt beschäftigt, hat ihn hier auch verwendet. Sehr reichhaltig ist sein erster Satz, solange das Klavier schweigt. Das allerdings bringt alle Ideen wieder zum Schwanken, es gebärdet sich sehr solistisch, und es besteht kaum ein Themenaustausch untereinander. So wirkt der ganze Satz unausgeglichen. Die vielen solistischen Partien sind zum großen Teil nur virtuos ohne Inhalte. Dennoch ist er interessant und der Anfang ja auch vielversprechend mit seinem Themenreichtum und der Kontrapunktik.

Der erste Satz beginnt ganz zart und sanft, die 1. Geigen bringen das 1. Thema, die 2. Geigen greifen es auf, und Viola und Cello folgen. Dieses erste Thema entwickelt sich zu einem ausgesprochenen Marschthema, eine Themenart, die schon häufiger vorkam (365/414), aber in der Zukunft noch öfter auftreten wird als das Themenmaterial des ersten Satzes. Es folgt das 2. Thema, kurz mit großem Abschluß, um nach G-Dur zu gelangen, der Tonart, in der das 3. Thema steht, sehr ausgeprägt, die ganzen 12 Takte über bleibt das G als Orgelpunkt erhalten.

Geigen und Bratschen, und zwar beginnen die Bratschen, bringen das neue

Thema, ein poetischer, lebensvoller kontrapunktischer Wechselgesang. Die letzten 4 Takte allerdings bröckeln schon etwas ab, die 1. Geigen leiten mit einem neuen Gedanken zurück in die Tonika, C-Dur, und hinüber zu einer weiteren Phrase, einer der schönsten Stellen des Satzes, leider wird sie nicht noch einmal verwendet. Es folgt ein imposanter herrlicher Abschluß dieses ersten Tutti-Einsatzes mit vollem Orchester, und damit endet eigentlich die Größe dieses Satzes. Das Solo wird den Rest des Satzes zum größten Teil beherrschen, und nur für wenige wirklich wesentliche Takte dem Orchester Platz machen. Es tritt auf mit einem eigenen Thema, dieses wird wiederholt und verschwindet, um dann nur noch einmal am Ende der Durchführung zu erscheinen. Die Streicher bieten das 1. Thema an, aber das Klavier nimmt es nicht auf, sondern ergeht sich in pianistischen Phrasen, die nun endgültig die Dominanttonart G-Dur annehmen. Es folgt ein 2. Thema vom Klavier, auch dieses wird einmal wiederholt und erscheint dann erst wieder in der Reprise. Daran schließt sich eine größere, die einzige, Abhandlung über eine Phrase des Tutti, und zwar sind es die letzten 4 Takte des herrlichen, polyphonen, kontrapunktischen Themas (T. 31–35). Diese Phrase wird nun rechts und links verwendet und umspielt, fast ausschließlich solistisch. Beendet wird dieser Solopart mit dem ersten Teil der Abschlußphrase des Tutti im Solo mit anderem Schluß. Den Abschluß der Exposition bildet noch einmal das 1. Thema, rein orchestral mit dem Tuttiabschluß. Die Exposition, soweit sie die Aufstellung der Themen im Tutti beinhaltet, ist 59 Takte lang. Davon erscheinen im Verlauf des Satzes 23, und zwar die besten und lebensvollsten, nicht wieder. Von den 36 verbleibenden werden nur 9 vom Klavier aufgenommen, während die restlichen 27 nur am Ende vor und nach der Kadenz erscheinen. Es bleiben die 8 Takte des 1. Themas, die letzten des Tuttiabschlusses und die 4 Takte aus der Mitte, die öfter abgehandelt werden, wobei auch hier noch festzustellen ist, daß das 1. Thema nur von den Streichern verfolgt wird. Es findet also tatsächlich kaum ein Themenaustausch statt. Dieses ist für ein Konzert dieser Zeit ungewöhnlich und eigentlich ein Rückschritt. Bei den Vorgängern P. E. Bach, Schobert usw. war es üblich, daß jeder Partner seine Themen hatte und behielt. Für die Konstruktion dieses Satzes trifft es aber nicht zu, es ist kein Konzert-Rondo mehr, es ist schon eine Sonate, aber gerade hierin ist eigentlich enthalten, daß die Themen untereinander ausgetauscht werden. So wirkt der Satz schon etwas heterogen und unausgeglichen, so daß man ihn trotz der zweifellos schönen und guten Teile nicht gerade zu Mozarts geglücktesten und erfolgreichsten zählen kann. – Dies ein Ausflug in die Theorie, nun aber zurück zum Fortgang des Satzes: Die Durchführung beginnt mit dem Klavier und mit einem neuen Thema, das noch einmal wiederholt wird, um dann nicht mehr zu erscheinen. Das Orchester bringt das 1. Thema zunächst in a-moll (paralleles moll zu C-Dur), sodann in C-Dur und noch einmal in e-moll (paralleles moll zu G-Dur = Dominantparallele). Das Klavier ergeht sich in Arpeggien im Zusammenspiel mit dem Orchester, oder besser knapper Untermalung desselben, es wandert über e- und es- nach g-moll, einige der wenigen wirklich interessanten Takte. Die Durchführung endet mit dem 1. Thema des Klaviers. Es folgt die Reprise mit dem 1. Thema des Tutti. Sie ist im übrigen eine fast getreue Wiedergabe der Exposition nach dem Eintritt des Solos, nur eben in C-Dur. Das 2. Thema des Klaviers schließt sich an, die Abhandlung über die 4 Takte und Teile des Abschlusses des Tutti. Zum Abschluß vor der Kadenz erscheint das 2. Thema aus der Tutti-Exposition. Die Kadenz ist kurz, sie behandelt das 2. Klavierthema und die »berühmten« 4 Takte. Den Abschluß des Satzes bildet der Abschluß des ersten Tutti.

Der zweite Satz steht in F-Dur (Subdominante) und ist sehr einfach und ohne Tiefe, wenn er auch hübsch klingt. Er ist in dreiteiliger Form geschrieben A – B – A und Coda, wobei der erste A-Teil nur daraus besteht, daß das nicht eben sehr interessante Thema zweimal vom Orchester, das erste Mal nur von den Streichern, das zweite Mal mit dem ganzen Orchester, und dann zweimal vom Solo, die Wiederholung geringfügig moduliert und vom Orchester untermalt vorgetragen wird. Der B-Teil ist nur 19 Takte lang, er bringt ein neues Thema, und zwar vom Klavier vorgetragen, aber von den Streichern kräftig unterstützt, auch dieses wird wiederholt, und dann noch ein wenig ausgesponnen und variiert. Der 2. A-Teil beginnt mit einer langen solistischen Abhandlung über das bereits bekannte A-Thema. Das Orchester greift es ebenfalls, nun zum sechsten Mal, auf. Daran schließen sich noch einige Gedanken, die im ersten A-Teil nicht vorkamen, es wird ein bißchen musiziert. Daran schließt sich noch einmal eine sehr solistische Episode und eine kurze Coda.

Der dritte Satz, ein Rondo, ist wieder einmal der glänzendste Satz des Konzerts. Schon von seiner Konstruktion her gehört er zu den schönsten Rondi überhaupt, und er gehört zu jenen, die sich nicht ganz klassifizieren lassen, zu jenen, wo alles anders als die Regel ist; unter anderem auch die Tatsache, daß zweimal im 2/4 Takt ein Adagio in moll eingeschoben wird in ein 6/8 Allegro. Heiterkeit und

Lebensfreude, ein bißchen Naivität bestimmen seinen Charakter. Das Klavier eröffnet den Satz mit einem tänzerischen Motiv (nennen wir es a), ein wenig wie ein Kobold kommt es daher geflattert, wird wiederholt. Das Tutti wieder-

holt es ebenfalls und führt ein neues Motiv (b) hinzu, weniger ausdrucksvoll und eingängig wie das erste. Eine synkopische Codetta verbindet es mit einem weiteren Motiv (c), das wiederum mit einer Codetta abschließt, und zwar in

G-Dur, und rein orchestral Dieses alles bildet nach den Regeln eines Rondos den Teil A (A – B – A – C – A usw.) oder den Refrain. Aber seinem Inhalt nach ist es eigentlich eher eine Exposition eines Sonatensatzes, und so wird es fast auch gehandhabt, denn außer dem sich anschließenden Adagio, dem B-Teil, das dann später noch einmal wiederholt wird, erscheint kein neuer Gedanke, keine neue Strophe mehr. Im Gegensatz zum Refrain ist das Adagio, die erste Strophe, oder ein Nebensatz quasi, schwermütig, es steht in c-moll, beträgt aber nur 15 Takte. Es wirkt ein bißchen wie ein Rezitativ. Das Klavier führt es ein, fast solistisch, nur gegen Ende kommen Oboe, Fagott und die 1. und 2. Geigen als eine Art Echo hinzu. Am Ende unterstreicht das ganze Orchester einmütig die Ausführung des Solos und schließt auf dem G-Dur-Akkord, wie vor Beginn dieser »Unterbrechung«. Dieses unterstreicht die Nebensatzlichkeit und auch den »Störfaktor« dieses Adagios, und schon beginnt das Klavier wieder mit der ersten Phrase (a), nur einmal diesmal, auch die Wiederholung im Tutti erscheint nur einmal. Und dann wird es ein wenig anders, so wie der 1. Refrain eher eine Exposition war, so wird dieses eher eine Durchführung. Es bleibt fast nur in der Dominanttonart G-Dur und befaßt sich nur mit den Teilen b und c und einer Codetta. Und zwar führt das Klavier Teil b ein, und vom Gemurmel der Streicher begleitet, folgt eine virtuose Passage, aber nur für wenige Takte, dann folgt schon die Codetta, die auch im ersten Refrain Teil b und c trennte, diesmal im Klavier. Teil c wird vom Orchester zuerst gebracht, vom Klavier aber aufgenommen eine Oktave höher. Und wieder folgt eine etwas längere virtuose, klavieristische Passage, wiederum beendet von der Synkopen-Codetta, diesmal etwas verändert mit eher aufsteigender Tendenz. Eine kleine Kadenz beendet den 2. Refrain, und ohne eine weitere Strophe folgt der 3. Refrain. Gewöhnlich bildet er eine Art Reexposition bei Mozart, aber auch das stimmt hier nicht ganz. Der 3. Refrain ist eher eine weitere Durchführung und zwar ausschließlich über den Teil a, mit allen zur Verfügung stehenden Mitteln. Zuerst erklingt das Thema wie am Anfang zweimal im Klavier und zweimal im Orchester, aber dann ändert sich alles. Das Thema ist nicht mehr ein ländlicher Kobold im Tanz, sondern es wird eher dramatisch, zumindest rein musiktheoretisch. Ohne Übergang fällt das Tutti von G-Dur nach e-moll und nach 3 Takten von forte in piano nach a-moll, und es folgen die schönsten Takte des Satzes. Mit zwei Teilen des Themas wird nun ein großes Spiel gemacht, tonal über a-moll, d-moll, C-Dur, a-moll, G-Dur, und orchestral bilden die Fragmente zunächst die Begleitung zu Arpeggien und Tonleitern in der rechten Hand, sodann werden sie nochmals zerstückelt und im Wechsel bald im Tutti (nur die Streicher) bald im Solo gespielt, bald in G-Dur bald in c-moll. Das Ende dieser herrlichen Exkursion kommt wiederum mit der Codetta. Es schließt sich das Motiv c an, einmal im Klavier, einmal im Orchester hier wieder in c-moll. Man findet in die Grundtonart zurück, und über die etwas virtuose 2. Codetta des Refrains und aus der G-Dur-Kadenz heraus erschlägt einen geradezu nach aller Fröhlichkeit der erneute Einsatz des traurigen und tristen Adagios. Es ist so gut wie unverändert und entschwindet wie ein Spuk nach den etwa 15 Takten, wie es gekommen ist. Eine breitere Coda schließt das Werk ab. Das Klavier bringt zunächst noch einmal Teil a, wie üblich zweimal, hintertreibt aber den erneuten Einsatz des Orchesters mit diesem Thema, sondern sie jonglieren abwechselnd noch einmal mit Teilen desselben, und langsam atmet der Satz aus und kommt zum Ende.

Klavierkonzert Nr. 10, KV 449, Es-Dur

Allegro Vivace, Andantino, Allegro ma non troppo
<u>Orchester:</u> Quartett, 2 Oboen, 2 Hörner (ad libitum)

Dieses Konzert entstand im Februar 1784. Um genau zu sein, am 9. »Hornung« (Februar). Das wissen wir so genau, weil es das erste Werk ist, das Mozart in sein Werkverzeichnis aufnimmt.

Komponiert für Barbara von Ployer, und von Mozart in einer Akademie am 17. März 1784 uraufgeführt. Girdlestone meint, daß hiermit eigentlich erst die Reihe der Klavierkonzerte Mozarts beginnt, daß die davorliegenden quasi nur Einleitungen zu dieser Musikgattung darstellen, und daß dieses und die folgenden 11 Konzerte das »Evangelium« aller seiner Werke bilden. So kraß sollte man das vielleicht nicht abgrenzen, zumal sich unter diesen »Einleitungskonzerten« immerhin KV 175 und KV 271 befinden, die nun doch weitgehend schon zum »Evangelium« zu zählen wären. Aber gewiß beginnt hier ein neuer Abschnitt. Mozart wendet sich endgültig von der Epoche der »galanten« Musik ab, dem was dem Publikum immer gefällt, und legt seinen eigenen Gedanken, Empfindungen und Ideen nicht mehr diesen »Publikumszwang« auf.

<u>Der erste Satz</u> fällt sogleich durch große bisweilen fiebrige Unruhe und gewisse Rastlosigkeit auf. Schon die ersten vier Takte sind ein Markstein für den

Geisteszustand des ganzen Satzes: Der 1. Takt – Es-Dur, Tonika also, schon der 2. Takt hat eigentlich mehr c-moll-Charakter (paralleles moll). 3. und 4. Takt aber befinden sich bereits eindeutig in B-Dur, der Dominanttonart von Es-Dur, was nun wirklich ungewöhnlich und einmalig ist. Wir werden im Verlaufe des Satzes noch auf einige solcher Einmaligkeiten stoßen. Die 2. vier Takte stehen dann in der Tonika und auch die folgende Codetta. Dann aber folgt ein kleines

Thema, eher eine Phrase, die ausgewalzt wird, sie beginnt in ganz dickem c-moll (eigentlich nur ein Thema der 1. Geigen, bis auf den Abschluß), wird dann lichter und schwingt sich über es-moll, B-Dur nach F-Dur (Doppeldominante), um dann aber wieder einen B-Dur-Abschluß zu erreichen, um nämlich, zweite Ungewöhnlichkeit, das 2. Thema ebenfalls in B-Dur anzustimmen, und es darin auch zu belassen. Es ist ein friedlicheres, melodischeres Thema. Ihm folgt ein weiterer hübscher Gedanke, ein Verbindungsglied zum 3. Thema, es ist nicht nur eine Codetta, es ist vielleicht so ein typisch mozartscher Gedankenblitz, der da entsteht, ohne je wieder zu erscheinen. Das 3. Thema ist ein ausgesprochenes Marschthema und steht eigentlich in großem Gegensatz zu dem bislang Gehörten. Es beginnt mit viermaliger Wiederholung eines Es-Dur-Akkordes, und bleibt dann auch in Es-Dur, um nun wohl klarzumachen, daß es sich doch um einen Es-Dur-Satz handelt. Obwohl selbst innerhalb dieses Themas und überhaupt innerhalb von Es-Dur-Partien immer wieder kleine Modulationen zu anderen Tonarten vorkommen, und im Ganzen betrachtet nicht die Hälfte des Satzes in Es-Dur steht. Insoweit ist die Infragestellung schon plausibel. Der Abschluß des ersten Tutti ist ziemlich lang, sehr einprägsam mit vielen Trillern, und wird eine oder <u>die</u> wesentliche Rolle in der Durchführung spielen. Dieser

Abschluß steht nun wieder voll in Es-Dur, und bringt, prozentual betrachtet, durch seine Länge die Tonart doch durchaus in den Vordergrund. Durch diese Länge vor allem kommt es zu einem relativ späten Klaviereinsatz (Takt 89, dem bislang spätesten). Das Klavier bringt das 1. Thema ganz zart »bekleidet«, d.h. leicht umspielt. Es wirkt beruhigend gegenüber dem quirligen Charakter des

ganzen 1. Tutti. Es folgt nun eine Art kleine Durchführung des 1. Themas in einem außerordentlich schönen Zusammenspiel zwischen Solo und Tutti über Teile des 1. Themas. Zunächst im Tutti mehrfach wiederkehrend drei aufsteigende Töne, das Solo darüber modulierend, dann folgen mehrere absteigende Töne und schließlich ein Wechselspiel im doppelten Sinn. Einmal wechseln die Thementeile die Stimmen, wobei das Solo die drei Töne in Arpeggien einbettet, zum anderen spielen die Stimmen nicht mehr gemeinsam, sondern gegeneinander oder besser nacheinander. Jetzt erst (immerhin haben wir Takt 121!) bringt das Klavier sein eigenes Thema, beginnend in c-moll, endend in B-Dur. Es füllt nur wenige Takte und entschwindet unbearbeitet, um nur noch einmal in der Reprise zu erscheinen. Das Klavier hat hier genug Themen und Phrasen aus dem Tutti zur Verfügung und bedarf so recht keines eigenen Themas. Das fördert offenbar auch sehr das Zusammenspiel von Tutti und Solo, kein solistischer Alleingang bislang. Den Abschluß oder wieder die Verbindung bildet das kleine Thema (T. 31 ff.), das im ersten Tutti 1. und 2. Thema verband. Es folgt das 2. Thema im Solo mit Zustimmung der 1. Violinen. Es wird nicht verändert, erweitert, moduliert, es steht immer noch in B-Dur. Hieran schließen sich einige wenige Takte solistischer Brillanz. Das 3. Thema, aber im Tutti, mit kurzem Abschluß bildet das Ende der Exposition. Das Klavier greift sogleich, zunächst allein, dieses Abschlußthema für die Durchführung auf. Bläser und Streicher fallen ein, werden unterbrochen, und es folgt ein wunderschönes Wechselspiel

zwischen Tutti und Solo über eben dieses Abschlußthema. D.h. jeweils ergreift ein Partner Teile desselben, sie tauschen sich untereinander aus und zerstückeln sie noch ein bißchen mehr. Das endet in der Subdominante As-Dur mit einem etwas ruhigeren Motiv, die Triller verschwinden, die Streicher werden wortkarger, um schließlich ganz zu verstummen und dem Solo den Wiedereintritt in Es-Dur allein zu überlassen. Wenige ganz einfache und ruhige Takte leiten über zur Reprise. Sie beginnt mit dem 1. Thema im Tutti, das Klavier greift es umspielt auf, und es folgt noch einmal, wie in der Exposition, eine kleine Durchführung des 1. Themas (Ersatz für Nichtvorhandensein in der Durchführung!?). Daran schließt sich das Klavierthema, diesmal in f-moll beginnend und in B-Dur endend. Die Codetta bringt uns zurück nach Es-Dur, und in Es-Dur erscheint nun auch das 2. Thema! Es folgt noch einmal ein solistischer Part, sehr viel länger als der erste, der abschließt mit der kleinen hübschen Phrase, die dem 1. Thema am Anfang folgte. Es wird ziemlich abrupt abgeschlossen für die Kadenz. Hier aber verfolgt das Klavier den Gedanken noch einige Takte, wendet sich dann dem 3. Thema zu und ist nach kurzem beendet. Der Satz schließt mit den letzten 19 unveränderten Takten des 1. Tuttis vor dem Klaviereinsatz (T. 70 ff.) also dem Durchführungsthema.

Der zweite Satz hat nicht mehr die Unruhe des 1. Satzes. Er ist liedhaft, auch und vor allem in seinem Aufbau, hübsch und unkompliziert. Er enthält 2 Hauptthemen. Um beim Lied zu bleiben, könnte man sagen, er besteht aus einer Einleitung, 3 Strophen und einer winzigen Coda. Die Einleitung bestreitet das Orchester allein und nur mit dem 1. Thema.

Sie wird von einer sehr hübschen Coda abgeschlossen, die später noch

Verwendung findet. Die 1. Strophe wird vom Klavier eingeleitet ebenfalls mit dem 1. Thema, leicht umspielt, und das Orchester tritt hinzu. Das 2. Thema, eine Phrase, die dreimal moduliert wiederholt wird, wird ebenfalls vom Solo intoniert,

aber sehr aufwendig von den Bratschen untermalt, und die ersten und zweiten Violinen stimmen kurz zu, zwischen den Wiederholungen. Die 2. Strophe ist der 1. völlig gleich bis auf die Tatsache, daß sie statt in B-Dur in As-Dur steht und statt des Pianos zunächst das Orchester das 1. Thema bringt, das 2. dann wieder das Solo, vom kräftigen Gemurmel der Bratschen untermalt. Die dritte Strophe, wieder in B-Dur, ist ein bißchen aufwendiger und üppiger und wunderschön. Sie wird erst vom Orchester mit dem 1. Thema eingeleitet, das Solo folgt aber sofort nach. Sodann schließt sich eine Art Variation über die Coda der Einleitung (T. 10/11 ff.) an. Es folgt das 2. Thema diesmal vom Orchester intoniert, auch mit allen Bläsern, und das Solo »stimmt zu«. Hieran schließt sich nochmals eine winzige Variation des Coda-Gedankens, und eine kurze Coda (6 T.) beendet den Satz.

Der dritte Satz ist ein Rondo (in Es-Dur), wenn auch eines ganz besonderer Art. Normalerweise ist ein Rondo bei Mozart relativ einfach zu zergliedern, es besteht aus mehreren Teilen, die durch den Refrain voneinander getrennt sind, mal ganz vereinfacht dargestellt. In diesem ist aber vieles anders als im »normalen« Rondo. Es behandelt eigentlich nur ein Thema (es gibt auch ein 2., das hat aber kaum eine Chance), nicht besonders melodisch, aber von charakteristischer Form, es ist einprägsam, und daß es sich einprägt, dafür wird gesorgt. Der ganze Satz ist eigentlich ein Gemisch aus Rondo und Variation, denn die Rondo-»strophen« bestehen fast ausschließlich aus unübertrefflichen, immer neuen und interessanten Variationen des 1. Themas. Eine Fülle von Möglichkeiten, ein Thema zu verändern, erscheinen. Der ganze Satz ist sehr schnell ohne Aufenthalt und Rast, ohne dabei hastig oder atemlos zu wirken. Das Orchester stellt das Thema vor,

fügt sofort das 2. hinzu, das eine Codetta beendet. Das Klavier greift das Thema

bereits umspielt auf und schließt sofort eine Variation an, von den 1. Violinen, die das Thema »nackt« bringen, begleitet.

Es endet auf der Kadenz von Es-Dur. Hier könnte man, wenn man den Satz in die strenge Rondoform pressen will und kann, die 1. Strophe beginnen lassen, mit einer Variation der Variation. Es folgt dann vom Klavier das 2. Thema, diesmal in der Dominanttonart B-Dur. Daran schließt sich eine sehr virtuose Passage mit »gekreuzten« Händen, untermalt von den Streichern in Form eines wiederkehrenden Echos. Die Streicher bringen das Thema nochmals als Kanon, und das Solo über- oder untermalt mit einer weiteren Variation desselben. Dann wird das Orchester etwas abgedrängt und zur bloßen Begleitung des Solos, das weitere Verzierungen produziert. Der Rhythmus wird etwas ruhiger, es erscheinen immerhin ein paar halbe Noten unter den Achteln, aber nur um einer neuen rhythmischen Variante des Themas mehr Ausdruck zu verleihen. Die Violinen bringen es darunter, wie fast üblich, »nackt«. Dann aber greifen alle Streicher es auf und schmücken es aus in Anlehnung an die Ausschmückung des Solos. Sehr plötzlich ist es zu Ende. Das Klavier bringt ganz kraß einen neuen Gedanken hinzu, zunächst in c-moll (hier kann man die 2. Strophe beginnen lassen), wie nach herkömmlicher Art und Sitte in der 2. Strophe. Aber Mozart hat keine große Neigung dazu, und nach knapp 4 Takten ist der Spuk vorbei, und wir bereits wieder in Dur. Das Klavier spielt noch ein wenig mit dem neuen Gedanken, aber

das Hauptthema läßt nicht lange auf sich warten. Die ersten Geigen führen es vor, zunächst in c-moll, die Bässe folgen in As-Dur, die ersten Geigen wieder in B-Dur und so fort. Das Klavier wird zur Ordnung gerufen, und bringt weitere Variationen in Triolen. Das Ende dieser »2. Strophe« wird angezeigt durch die bereits bekannte Passage der »gekreuzten Hände« (T. 190 ff.). Daran schließt sich eine Art Überleitung zum Refrain, die ein wenig ruhiger und träumerischer ist. Sie besteht aus einem Orgelpunkt B zunächst in den Streichern, später in den Bläsern, dann untermalen die Streicher in Sekunden, während das Solo den ganzen Part sehr virtuos bestreitet mit Oktaven in der rechten Hand, von linkem »Gemurmel« unterfüttert. (Notenbeispiel siehe S. 55.)

Der Refrain erscheint, wie üblich, zunächst in den Geigen, d.h. das 1. Thema, während das Klavier moduliert. Es ist eigentlich noch eine Strophe, aber kurzgefaßt. Erst erscheint das moll-Thema der 2. Strophe in Dur diesmal. Dann folgt eine eher solistische Passage, mit nur kurzen Zwischenrufen des Orchesters, innerhalb deren sich das Klavier kurzfristig bis Des-Dur entfernt. Und immer noch ist der Atem nicht alle, Klavier und auch Streicher variieren und verzieren nochmals über weite Takte sehr virtuos, so weitgehend, daß sogar das Taktmaß variiert von C in 6/8, dieses wird dann allerdings bis zum Ende beibehalten. Kurz davor erscheint noch einmal eine ganz neue zauberhafte Möglichkeit des Umspielens, die dann zum Ende führt.

Trotz unserer Zuneigung zum 1. Satz muß man doch feststellen, daß das »Rondo« das größere Interesse verdient. Mit Sicherheit ist es ins Auge fallend, anders als alle Rondi. Und es fällt schwer, irgend etwas Vergleichbares zu finden, gerade weil es eben so unglaublich »gesetzlos«, aber doch einheitlich ist. Man kann den Satz mit Hilfe der Noten, wie oben geschehen, natürlich auseinandernehmen und die Themenverteilung suchen und finden, aber vom Hören her ist es wirklich nur das eine Thema von wenigen Takten, was, ohne einen auch nur eine Minute zu langweilen, unablässig »wiederholt« wird.

Das ganze Konzert eröffnet sowohl den Reigen der »Großen«, aber es ist in seiner Einmaligkeit mit keinem der Folgenden und Gewesenen (175/271) zu vergleichen oder eine Ähnlichkeit des Aufbaus und der Verarbeitung zu finden.

Mozart hat dieses Konzert zusammen mit dem »Krönungskonzert« (KV 537) aus Anlaß der Krönungsfeierlichkeiten Leopolds II. in Frankfurt gespielt, wohl aber nicht direkt bei den Feierlichkeiten, da hatte man ihn übergangen (darüber sind aber die Meinungen unterschiedlich).

Klavierkonzert Nr. 11, KV 450, B-Dur

Allegro, Andante, Allegro
Orchester: Quartett, 2 Oboen, 2 Hörner, 2 Fagotte, Flöte (nur im Finalsatz)

Am 15. März 1784, etwas mehr als vier Wochen später als KV 449, hat Mozart ein neues Konzert beendet. Diese beiden so kurz hintereinander entstandenen Konzerte sind sehr unterschiedlich, außer der fast gleichen Entstehungszeit ergeben sich so gut wie keine Berührungspunkte. Das erstere ist für kleines Orchester geschrieben, wobei die Bläser »möglich« sind (»ad libitum«), während das zweite die Bläser fest vorschreibt und auch benutzt, wie man gleich sehen wird. KV 449 ist in der Orchestrierung sehr reichhaltig, es herrscht große Gleichberechtigung zwischen Tutti und Solo, während KV 450 zumindest im 1. Satz wieder sehr »rückfällig« solistisch agiert. Das eine ist sehr unruhig, bizarr und rastlos, während das andere harmlos und fröhlich ist. Und so fort! Mozart hat dieses Konzert für sich geschrieben, er brauchte nun viel Material, denn in diesen Jahren ist er der Virtuose und hat viele Verpflichtungen und eine Unmenge »Academien«. Das erklärt vielleicht auch den wieder größeren Solistenpart. Bis zu einem gewissen Grade ist es eine Rückkehr zu der »galanten« Form. Er kehrt aber gereift und im Triumphzug zurück, er macht zwar Zugeständnisse an sein Publikum, jedoch ohne sich selbst zu verleugnen. Es gehört mit Sicherheit nicht zu den großen späten Konzerten, die dem Wiener Publikum »zu hoch« waren. Das nimmt ihm aber nichts von seiner Schönheit und seinem durchaus eigenen Charakter.

Der erste Satz beginnt gleich sehr ungewöhnlich, eher wie eine Serenade für Bläser und Streicher, mit einem sehr markanten Thema, das sich aufteilt in eine

Bläserphrase

und eine Streicherphrase,

eine Art Frage- und Antwortspiel entsteht, bis nach 14 Takten der

Zusammenschluß beider vollbracht ist. Vollbracht kann man schon sagen, denn diese »Fusion« ist gut vorbereitet: Takt 8–10 Verteilung einzelner Thementeile auf beide »Lager«, Takt 11–13 bereits eine Zusammenführung der Stimmen, die aber bei Lichte besehen eher ein Gegeneinandergehen ist, die Bläser streben in Achteln nach oben und die Streicher in Sechzehnteln nach unten. Die endlich gelungene Zusammenführung wird gebührend gefeiert in einem großartigen Zusammenspiel 12 Takte lang, eine Art Zwischenspiel, das im Fortlaufenden immer wieder aufgegriffen wird. Es endet auf der Dominante F. Das 2. Thema,

gemäß dem ruhigeren und einfacheren Charakter des Konzerts, erscheint ebenfalls in B-Dur, nur ist es kein echtes 2. Thema, denn es wird vom Klavier im 2. Teil der Exposition nicht aufgegriffen, sondern durch ein neues ersetzt. Es erscheint aber in der Reprise, und dann auch im Klavierpart und in der Kadenz. Das Thema ist sehr melodiös und eignet sich gut als Variationsthema, wozu es im Fortlaufenden auch genutzt wird, und zwar variieren die Bläser und die Streicher untermalen. Der Abschluß des 1. Tutti wird aus einer effektvollen Phrase mit vollem Orchester gebildet, die in ihrer Art an den Anfang erinnert, ebenfalls ein

Frage- und Antwortspiel zwischen Bläsern und Streichern. Diese vielleicht sehr mozartschen, vielleicht ein bißchen »galanten« Takte tauchen immer wieder auf, wenn es einen Abschluß oder eine Zäsur zu machen gilt. Die letzten Noten des Tutti fallen mit den ersten des Klaviers zusammen. Das Solo ergeht sich zunächst in Variationen über das 1. Thema (10 Takte), ehe es das Thema selbst spielt. Mozart hat seine Soloeintritte zu verschiedenen Zeiten verschieden behandelt, man kann vereinfacht sagen, er hat sie aufgeteilt in direkte und indirekte. Um die Entstehungszeit dieses Konzertes (1784) bevorzugte er eigentlich die direkten Eintritte, vergleicht man mit den darumherumliegenden Konzerten, dieses bildet also mit seinem indirekten Eintritt eine Ausnahme. Mit Eintritt des Solos wird das Orchester sehr zurückgenommen, eigentlich ein Rückschritt, das Orchester ist wieder nur Begleiter, Untermaler mit wenig eigener Meinung, bisweilen einen Markstein setzend. Das Solo beansprucht das 1. Thema für sich allein, läßt nur den Bläsern eine kleine Teilphrase zum Dazwischenrufen. Es schließt sich sogleich das Klavierthema an und zwar in g-moll (paralleles moll) von den

Streichern angekündigt. Da Mozart aber der Mollklang hier nicht passend erscheint, geht er schnell zu F-Dur (Dominante) über, und es folgt eine solistische Episode, die zum Erstaunen des Hörers nicht zum 2. Thema des Tutti führt, sondern ein eigenes 2. Thema wird eingeführt.

Das ist zwar eine Abweichung von der Regel, noch befinden wir uns ja in der Exposition, die in der Klassik aus zwei Teilen besteht, die nicht vollkommen gleich sein müssen, aber es ist die Regel. Wieder folgt Solistisches, dem das Tutti nur eine Art Rückgrat zu den Eskapaden verleiht. Sie enden mit einem Triller auf dem F-Dur-Akkord, und das Ende der Exposition wird eingeleitet durch das Zwischenspiel zwischen 1. und 2. Thema des Tutti (T. 14 ff.), was aber nicht beendet wird, sondern übergeht in die 2. Hälfte der Abschlußphrase des ersten Tutti (T. 45 ff.) Die Durchführung wird zunächst vom Klavier allein begonnen, es greift die letzten Takte auf, moduliert sie von f-moll über g-moll und nochmals nach f-moll erst in der rechten, dann in der linken, dann wieder in der rechten Hand, die Viertel des Abschlusses in Achtel verwandelnd; reine Effekthascherei und solistische Spielerei, aber mit allen Registern. Dann aber kommt das Orchester hinzu, die Dezimen und Oktaven des Solos harmonisch vervollständigend. Bläser und Streicher spielen mit verteilten Rollen, Rede und Gegenrede korrespondieren

untereinander und spielen gegeneinander. Es ist ein wechselvolles Spiel aller mit allen bis zum Eintritt der Reprise, angekündigt durch das 1. Thema zunächst in den Streichern, dann im Klavier und dann erst als echter Beginn der Reprise beginnen die Bläser, teilen das Thema aber nun nicht mit den Streichern, sondern mit dem Klavier. Das Zwischenspiel aus der Exposition zwischen 1. und 2. Thema erscheint auch hier aber nur für wenige Takte, dann wird es ziemlich barsch unterbrochen vom Eintritt des Klaviers mit seinem 1. Thema. Dieses allerdings erscheint als Variation und in c-moll, es folgt das 2. Klavierthema in B-Dur, beide werden ein bißchen abgehandelt, und es erscheint auch das »falsche« 2. Thema zunächst in den Streichern unter dem Triller des Klaviers, dann greift das Solo das Thema auf, die Bläser antworten, das Solo variiert ein bißchen, es folgen Teile des Expositionsabschlusses (T. 119 ff.) ziemlich unverändert als T. 264 ff. Den Abschluß vor der Kadenz bildet der komplette Abschluß des ersten Tutti (T. 41 ff.), pianissimo beginnend, sich langsam erhebend zum Schlußpunkt für die Kadenz. Diese Reprise ist recht eigenwillig und absolut kein getreuer Abklatsch der Exposition, wenn man genauer hinsieht oder hört, sind doch viele geradezu raffinierte Abänderungen darin, ohne als solche eklatant in Erscheinung zu treten. Die Kadenz ist kurz und befaßt sich zunächst mit der vorhergehenden Phrase des Abschlusses, sodann mit dem »falschen« 2. Thema. Der Satz endet mit einer kurzen Coda, in der das Klavier nicht mehr auftritt, nochmals mit der Abschlußphrase des 1. Tutti.

Der zweite Satz ist ein Andante, ein sehr stimmungsvolles, fast möchte man sagen religiöses. Es hat die Form eines Themas mit Variationen und einer Coda, es ist im Ganzen nur sehr kurz und steht in Es-Dur, der üblichen Subdominanttonart des 2. Satzes. Das Thema ist sehr einfach, aber sehr ansprechend, und es wird einem durch die verschiedenen Variationen immer wieder nahegebracht. Es besteht aus zwei sehr ähnlichen Phrasen, die eine mehr ins Helle, die andere

mehr ins Dunkle weisend. Die erste Phrase wird vom Orchester intoniert und vom Klavier sofort, und nur ganz geringfügig ornamentiert, wiederholt, es folgt die zweite Phrase in der gleichen Art und Weise. Die erste Variation beider Teile wird nur vom Klavier und den Streichern bestritten, wobei erst die Streicher und

die linke Hand das Thema spielen und die rechte Hand in Sechzehnteln darüber arpeggiert, dann übernimmt die rechte Hand das Thema wenig verändert, und die linke Hand arpeggiert, während das Orchester schweigt. Der zweite Teil der Phrase erfährt ein gleiches Schicksal. Das Klavier beginnt die zweite Variation allein, die ersten 4 Takte kaum verändert, nur rhythmisch sind es jetzt Synkopen, die zweiten 4 Takte haben die Streicher die Melodie und das Solo schmückt aus mit 64steln. Die Wiederholung ist zugleich der Hauptteil des Satzes, in dem dann auch die Bläser gleichberechtigt zu Wort kommen, und die ganze Variation wird etwas umfangreicher. Die Bläser bringen die erste Phrase rein, die Streicher leicht variiert und im pizzicato, und das Klavier ergeht sich in 32steln. Die Variation des 2. Teils ist noch etwas lockerer. Das Klavier hat einen »Vorspann« und für den Rest dieser Variation 64stel, eine kleine Verlängerung wird noch angehängt, wenige Takte, in denen das Klavier die Akkorde der Bläser wiederholt. Die Coda ist einfach und ganz kurz, wieder mit Frage und Antwort mit kleinen Thementeilen, wobei dem Klavier etwas mehr zu sagen erlaubt ist. Die Melodie entschwindet von Oboen und Hörnern begleitet in den ganz hohen Tönen des Klaviers.

Der dritte Satz ist ein Rondo, genauer eine Rondo-Sonate. Schematisch sieht das folgendermaßen aus:

Rondo	Rondo-Sonate
A = Refrain	A = Refrain
B = 1. Strophe	B = Exposition 1. Thema 2. Thema 3. Thema
A = Refrain	A = Refrain
C = 2. Strophe	C = Durchführung 1. neues Durchführungsthema 2. Thema des Refrains
A = Refrain	A = Refrain
D = 3. Strophe	D = Reprise 1. 2. 3. Thema
Cadenza	
A = Refrain	A = Coda
	Schlußteil

Eine Form, die Mozart öfter verwendet hat, allerdings meist nicht so genau »nach Vorschrift« wie hier. Der Refrain wird vom Solo eingeleitet mit einem sehr frischen, schwungvollen, doch auch graziösen, einprägsamen Thema eine Art dreifacher sehr zierlicher Galoppsprung.

Das Orchester greift das Thema auf und verarbeitet es zu einem relativ langen Ritornell. Die erste Strophe des Rondos ist zugleich die eigentliche Exposition der Sonate. Es erscheint ein erstes Thema im Solo, ähnlich dem Refrain-Thema, es wird aber nur zweimal vorgetragen, um dann überhaupt nicht mehr zu erscheinen. Das Klavier ergeht sich in pianistischen Phrasen, unwesentlich vom Orchester untermalt. Ein wenige Takte währendes Zwischenstück mit vollem Orchester bildet die Verbindung oder Abgrenzung zum 2. Thema, ebenfalls recht rhythmisch und gekennzeichnet durch Handwechsel. Dieses 2. Thema ist im Gegensatz zum 1. Thema ein Stück beste Zusammenarbeit von Solo und Tutti, und es wird reich variiert, fast könnte man es eine kleine Durchführung des Themas von allen Beteiligten nennen. Erstmals ein voller Einsatz auch der Flöte, es endet in F-Dur. Ein 3. Thema, mehr gesanglich als rhythmisch, wird ebenfalls vom Solo eingeführt, die Flöte greift es auf, von großen Arpeggien des Klaviers

untermalt, das übrige Orchester ist eher sparsam mit seiner Zustimmung. Weite Teile des 3. Themas stehen in F-Dur (Dom. v. B-Dur), und so endet es auch, und damit auch Teil B bzw. die Exposition. Es folgt, wieder vom Klavier einge-führt, der Refrain, zumindest Teile desselben. Die »Galoppsprünge« werden fast kanonartig über das ganze Orchester verteilt, gegen Ende wird kurz nach d-moll moduliert (Dom. Paral.), üblich an dieser Stelle, aber offenbar unpassend, binnen weniger Takte sind wir in Es-Dur und zugleich am Abschluß des Refrainteils. Es folgt Teil C, in diesem Fall entspricht es also der Durchführung, beginnend mit einem neuen Durchführungsthema im Solo und zwar in Es-Dur, wie die ganze Durchführung im wesentlichen in Es-Dur steht. Dieser Teil ist mit Sicherheit der interessanteste und aufregendste des ganzen Satzes. Das Thema beginnt rhyth-misch und wird im zweiten Teil liedhaft, es hat leichte Ähnlichkeit mit dem 2. Thema der Exposition. Es ist sehr solistisch und wird nur sehr sporadisch und nur von den Streichern untermalt. Schon in das Ende dieses Themas hinein fallen die Oboen mit dem allgegenwärtigen Refrain-Thema, was nun über 40 Takte in einer köstlichen und hochmusikalischen Art im ganzen Klangkörper abgewan-delt, verteilt und verschoben wird. Wie gesagt, die Oboen beginnen in Es-Dur, das Solo folgt in f-moll, jeweils sind die »Galoppsprünge« etwas abgewandelt, mal Sexten, mal Septimen, mal Quintschritte, und jedes Mal einen Ton höher. Das Klavier bringt den letzten Sprung in g-moll. Um wieder zurückzukommen werden andere Methoden gebraucht und andere Orchestrierung, diesmal sind es die Streicher und die linke Hand, die das Thema führen, und die rechte Hand er-geht sich in schnellen 16teln, dann hat die rechte Hand das Thema unterstrichen von Flöte und Oboe, und die linke Hand »sechzehntelt«. Den Abschluß dieses Teils bildet eine gemeinsame Phrase in d-moll. Doch daraus ertönt schon wieder der »Galoppsprung«, und zwar zunächst im Solo, wiederholt von den Oboen, nochmals Solo, nochmals Oboen von Streichergemurmel untermalt. Den Abschluß der Durchführung bilden nur mehr Fragmente des »Sprungs«, hin und her geworfen wie ein Ball zwischen Solo, Flöte und Oboe. Die Reprise beginnt mit dem Refrain, man kann es natürlich auch, wie zu Beginn, teilen, erst Refrain und dann beginnt die Reprise. Und zwar setzt das Klavier mit der pianistischen Phrase ein, die dem 1. Thema folgte, das 2. Thema, in B-Dur, in seiner ganzen durchführungsähnlichen Länge, und auch das 3. Thema werden ziemlich unverändert wiederholt, wie das üblich ist, nur war man hier vielleicht noch auf weitere Extravaganzen gefaßt. Das volle Orchester bringt eine Überleitung zur Kadenz, die sich im wesentlichen mit Teilen des Refrains, mal in der rechten Hand, mal in der linken Hand, und dem »Durchführungsthema« beschäftigt. Der Refrain wird nach der Kadenz noch einmal angestimmt. Der Abschluß des Satzes aber ist von ganz besonderer Art, eher der Abschluß einer Jagdoper, er ist ein wunderliches, wunderbares, technisch schwer zu beschreibendes Satzende mit singenden Bläsern und, etwas gewagt, »tanzenden« Geigen und dazwischen die Arpeggien des Solos und das Ganze höchst pianissiomo.

Klavierkonzert Nr. 12, KV 451, D-Dur

Allegro assai, Andante, Allegro di molto
Orchester: Quartett, Flöte, 2 Oboen, 2 Fagotte, 2 Hörner, 2 Trompeten,
              2 Pauken

Eine Woche nach KV 450 hatte Mozart dieses neue Konzert bereits beendet, nämlich am 22.3.1784, wie man aus seinen sehr korrekten Aufzeichnungen und aus Briefen weiß. Man weiß natürlich nicht, inwieweit er sich schon »im Kopfe« damit beschäftigt hat. Es ist eigentlich ein uneinheitliches Konzert, denn der erste Satz ist viel virtuoser (nicht auf den Solisten bezogen) und großartiger als die beiden anderen. Das ganze Konzert ist reicher orchestriert als alle bisherigen Konzerte, vor allem haben die Bläser eine viel aussagekräftigere Stimme erhalten, besonders die Flöte erhält eine wichtige Stellung innerhalb des Zusammenspiels. Es ist auch sehr ausgewogen in der Zuteilung der Gunst zwischen Tutti und Solo, vor allem der erste Satz hat fast symphonischen Charakter. Es gibt im Ganzen betrachtet, aber auch vor allem im 1. Satz, die gute Stimmung und Verfassung des Meisters, dank der allgemeinen Anerkennung und Hochachtung, wieder.

Der erste Satz wird mit einem Marschthema eröffnet, wie KV 415 und die drei folgenden, allerdings hier, im Gegensatz zu den anderen, gleich mit vollem Orchester losbrausend. Das 1. Thema ist eigentlich eine D-Dur-Tonleiter über zwei Oktaven, über 10 Takte, von den 1. Violinen und der Flöte vorgezeichnet, jeweils 2 Takte sich hochschwingend, piano, und dann forte von allen gemeinsam quasi unterbrochen, oder den Rhythmus bestimmend, der dadurch etwas Majestätisches, festlich Fortschreitendes bekommt. Daran schließt sich eine Tonleiterabwärtsbewegung in punktierten Achteln von 1. und 2. Geige abwechselnd mit Bratsche, Violoncello und Teilen der Bläser, endend auf der Dominante. (Notenbeispiel siehe S. 66.) Es folgt noch eine weitere Phrase, ähnlich dem 1. Thema, zumindest im Aufbau: Oboe, Hörner und Trompeten in leichter Abwärtsbewegung, piano, Flöte und 1. Geige alle 2 Takte, forte, dazwischen tirilierend. Die Befürchtung, das alles könnte zu sehr auseinandergerissen werden, hat Mozart offenbar dazu veranlaßt, die Verbindung der Teile untereinander zu halten, indem er nach der Dominante die 2. Geigen auf derselben fortspinnen läßt. Und

am Ende dieser, dem 1. Thema ähnlichen Phrase, die Celli fortspinnen läßt in die Übergangsphrase zum 2. Thema. Diese ersten 25 Takte bilden eigentlich ein Thema, das den Charakter des ganzen Satzes bestimmt und beschreibt. Das Auf und Ab von forte und piano auf Teilen der Tonleiter, das heißt das Prinzip des Kontrastes dominiert in diesem Satz. Es ist der Kontrast zwischen Stärke und Kraft und Ruhe und Empfindsamkeit, vielleicht ein etwas stilisierter Kampf, der noch im Rhythmus reguliert ist und die Emotionen in gleichen Abständen, also kontrolliert hervorbringt. – Ein »normaler« Satz würde, nachdem er auf der Dominante gelandet ist, eine Zäsur machen vor Beginn des 2. Themas, nicht so hier, die schon angeführte Sorge um die »Einigkeit« der Gegensätze läßt die Bässe auf der Dominante weiter brummeln, um die Verbindung zum Übergang zum 2. Thema nicht zu verlieren. Dieser Übergang, eine entzückende Phrase von 9 Takten, ein Frage- und Antwortspiel zwischen Streichern und Bläsern endend, hier, in Tonleiteraufwärts- – Flöte – und -abwärtsbewegungen – Fagott –, wird uns, nur in der Besetzung verändert, sowohl in der 2. Exposition, d.h. nach dem Klaviereinsatz, als auch in der Reprise, wiederbegegnen. Das 2. Thema, aufgeteilt in einen Heroldsruf der Oboen und Hörner und eine fröhliche Antwort der Flöte mit Untermalung der 1. und 2. Geigen, wird wiederholt. Es ist wie bei vielen 2. Themen in Mozarts Konzerten, es stellt sich vor, es ist da, aber es greift nicht in die Handlung ein. Es folgen sofort zwei sehr unterschiedliche Phrasen, Anhängsel, aber ohne Verbindung, eines piano mit synkopischen etwas mystischen Untertönen und eines forte (wieder der Gegensatz!) ohne Übergang forsch und heiter. (Notenbeispiel siehe S. 67.)

Es endet nicht etwa auf einer vollständigen Kadenz, sondern es folgt eine sehr einfache »mozartsche Phrase«, sozusagen als Vorstufe des Tuttiabschlusses, sie wird wiederholt.

Diese wenigen Takte werden aber im folgenden nicht unwesentlich zum Geschehen beitragen. Den Abschluß bilden Fragmente des Grundakkords über tremolierenden Bässen, und eine normale Kadenz. In dieser ersten Einführung ist im Gegensatz zu vielen anderen, eigentlich alles gesagt, was je im Rest des Satzes noch zur Sprache kommt, außer dem wirklich völlig unwichtigen Thema des Klaviers. Nun nimmt das Klavier erstmal das 1. Thema mit Verve und allein auf, es braucht ebenfalls 10 Takte für die zwei Oktaven, es schnörkelt sich nach oben, und der »unterbrochene Rhythmus« ist hier gestaltet durch Akkorde rechts, wenn die linke Hand aufsteigt, und akzentuierte Bässe links, unter der rechten Hand: Eine der wenigen rein solistischen Stellen in diesem sonst so »demokratischen« Satz. Die Streicher folgen mit der absteigenden Tonleiter (s.v.) vom Klavier rechts und links abwechselnd begleitet. Eine solistische Phrase, von den Streichern untermalt, führt nach Fis-Dur zum Klavierthema.

Dieses ist weder besonders schön, noch hat es irgendeine Stimme in diesem Chor, außer daß es vorgestellt wird und sogar leicht verändert in E-Dur wiederholt wird. Den Abschluß bilden einige sehr hübsche Takte zwischen Streichern und Bläsern, die sich gegenseitig kleine Triller zuwerfen, ohne sich um das Gemurmel des Klaviers zu kümmern. An ein paar solistische Takte schließt sich dann das Vorspiel zum 2. Thema an, wobei hier nun das Klavier mitwirkt, den Bläserteil übernimmt, und die Bläser die Streicher ersetzen, bis zum Abschluß bleibt es gleich, nur daß die Abwärtsbewegung des Fagotts aus der Einführung unter den Tisch fällt. Es endet in A-Dur, in dem auch das 2. Thema steht. Es wird von Flöte, Oboen und den Violinen begonnen, und das Solo greift es auf, im 2. Teil von den Geigen eine Oktave tiefer begleitet. Ohne Ankündigung sehen wir uns plötzlich in a-moll, über 3 Takte Arpeggien und einem kurzen Dialog zwischen Flöte, Oboen und Klavier. Unter Bassi Alberti der linken Hand bringen die Geigen erst das »mystische Anhängsel« und unter diatonischer und chromatischer Tonleiter in den Händen wechselnd, das »forsch und heitere Anhängsel«. Hiernach folgen ein paar bravouröse Takte, die sich aber gleich wieder in den Dienst der Sache gestellt sehen, durch begleitende Bläser und Staccato der Streicher, bis zum Triller, der das Ende der Exposition anzeigt. Die sehr kurze, sehr schöne Durchführung beginnt mit der absteigenden Tonleiterphrase in den Streichern, woran sich der Abschluß der »forsch heiteren Phrase« anschließt, hieraus entwickelt sich wieder die »einfache mozartsche Phrase«, die, einmal vom Orchester vorgetragen, mehrfach wie ein Spielball zwischen Bläsern und Klavier hin und her geworfen wird. Nach zwei Takten Arpeggien in e-moll, landen wir in h-moll (paral. moll v. D-Dur), und die Phrase wird noch dreimal gespielt. Die folgende eher solistische Passage, in der das Tutti nur seine ständige Zustimmung murmelt, hat den Charakter einer Phantasie. In KV 450 bleibt das Ganze noch eher bodenständig, während uns Mozart hier in ein Phantasieland führt, nur sehr kurz allerdings. Noch in h-moll verbleibend, wird der Rhythmus geändert, um uns wieder zur Erde zurückzubringen. Und langsam kommt wieder »Kraft und Stärke« auf gegen Träumerei. Eine Folge von Septimakkorden in der rechten Hand leiten zum Abschluß über, und wieder steigende Tonleitern, zusammen mit den Bläsern, bringen das Ende der Durchführung wieder auf den Grundton des Satzes D-Dur. In der folgenden Reprise sind beide Tonkörper vereinigt. In der 1. Einführung hatte das Orchester das 1. Thema gebracht, in der 2. Einführung das Klavier, nun arbeiten sie daran zusammen, wenn auch mit verteilten

Rollen, was den Tenor des Satzes – piano – forte – anbelangt. Es schließen sich die absteigenden Tonleitern im Orchester an, überlagert von Triolenarpeggien im Klavier. Auch der 2. Thementeil ist diesmal aufgeteilt auf Klavier und Bläser. Es folgt das Übergangsthema zum 2. Thema. Dieses Frage- und Antwortspiel ist wieder in der Hand von Bläsern und Klavier, aber diesmal fragt das Klavier und die Bläser antworten, endend wie in der 1. Einführung, Flöte aufwärts, Fagott abwärts. Das 2. Thema, unverändert, außer daß es nun in D-Dur steht, schließt sich an, ebenso die »Anhängselphrasen«, auch die einfache »mozartsche Phrase«, von der aus wir in der Durchführung ins Unbekannte geführt wurden. Danach läßt Mozart nochmals den Solisten agieren in einer zehntaktigen »Bravourarie« mit einem Triller auf der Tonika endend. Es folgen nun »ungesetzmäßig« noch einmal die absteigenden Tonleitern mit dem gleichen Abschluß wie in der 1. Einführung. Sie führen zur Kadenz, die sich im wesentlichen an die gegebenen Themen hält. Der Satz endet mit dem Abschluß der 1. Exposition.

Der zweite Satz ist ein Andante, ein Rondo. Er steht, wie üblich, in der Sub-dominante, in G-Dur. Es fehlen die Blechinstrumente, Trompeten und Pauken. Die Holzinstrumente sind weicher und von daher für die folgende Romanze eher geeignet. Es ist ein sehr lieblicher, stimmungsvoller Satz, ohne besondere Tiefen, aber von unglaublicher Schönheit und Klarheit. Er strömt eine innere Ruhe und Gelassenheit aus. Die »technische Handhabung« zeugt aber von großem Können und Raffinement. Nach Girdlestone ist der Refrain eine sich um die Geigenbögen windende Liane, die dann auch Flöte und Fagott einwickelt.

Die Streicher beginnen mit dem Refrain (Teil A) mit eben jener »Liane« in vier Takten, Flöte und Fagott kommen hinzu, wiederholen mit bereits verändertem Schluß. Horn und Oboe halten sich im Untergrund, das Horn hält die Ver-bindung zum Klavier, das mit den nämlichen vier Takten beginnt, allein. Zum vierten Mal erklingt das Thema dann noch einmal mit Bläsern und Klavier und einem gemeinsamen (ganzes Tutti) Abschluß auf der Dominante D-Dur. Klavier und Bläser bringen in D-Dur die 1. Strophe (Teil B) vom Gemurmel der Strei-cher untermalt. Es ist eine mehrfach wiederholte kleine etwas atemlose Phrase,

die das Klavier hinwirft, und die von den Bläsern, wie ein Echo, beantwortet wird. Daran schließt sich eine weitere Phrase, die sich, ähnlich wie im Refrain, zwischen Oboe, Fagott und Klavier hin- und herschlängelt, eingerahmt von zwei »Generalbässen« – Flöte und Streicher –, die diesen etwas flatterigen Takten ein Rückgrat geben. Diese schlängelnde Melodie wird von den Streichern aufgenommen mit einem Kontrapunkt im Klavier. Den Abschluß dieser 1. Strophe bildet noch einmal eine wechselgesangliche Phrase zwischen Bläsern und Klavier und einem basso continuo. Es endet in G-Dur. Der Refrain kommt unverändert wieder, zunächst vom Klavier eingeführt, dann vom Orchester, wobei die Hörner wieder Verbindung halten, diesmal aber gleich zur 2. Strophe (Teil C), die ganz abrupt vom Klavier eingeführt wird, im parallelen e-moll. Diese 2. Strophe besteht aus zwei sehr unterschiedlichen Teilen, der erste, wie gesagt, in e-moll, ist dem Voraufgegangenen ähnlich in der Form der hingeworfenen Phrase mit Echo, allerdings nur zwischen Klavier und Bläsern, die Streicher schweigen völlig, endend auf dem e-moll-Akkord, und über aufsteigenden Bläsern in e-moll, einem Triller auf – h – ist alles ganz anders, ist alles ganz neu. Wir sind in C-Dur mit dem ganzen Klangkörper. Was nun folgt, ist, nach der Partitur, ziemlich karg, aber Mozart ist mit Sicherheit davon ausgegangen, daß die, die das spielen wollten, genug Phantasie hätten, die wenigen Fixpunkte mit Leben zu füllen, wie das ja häufiger vorkam. Heute sind die Ansichten eher geteilt. Es ist eine sehr einfache Notenfolge im Klavier, mit nicht sehr aufwendiger Untermalung der Streicher, und die Bläser schweigen ganz. Den Abschluß bilden wieder die atemlosen Fragen zwischen Klavier und Bläsern. Den Rückweg nach D-Dur bestreitet das Klavier. Diesmal kommt der Refrain zuerst in den Streichern, leicht variiert, und erst das Klavier allein bringt ihn wie vorgegeben, das wird dann vom Orchester nochmal wiederholt. Es folgt eine relativ lange Coda, die, wie der Refrain, aus einer sich schlängelnden Melodie besteht, zunächst im Klavier allein, dann schließen sich die Bläser an und ganz zum Schluß gesellen sich die Streicher noch einmal hinzu. Der ganze Satz besteht eigentlich hauptsächlich aus den Dialogen zwischen Solo und Bläsern. Er ist nicht so üppig geraten wie der 1. Satz, aber er ist sehr lieblich und großartig in der Erfindung von Umschreibungen und Rollenwechseln. Wünsche und Gefühle beseelen diesen Satz, wie wenige andere. Es ist dieses eines der letzten Beispiele für Mozarts »träumende« Andante.

Der dritte Satz, in D-Dur, ist, wie im voraufgegangenen Konzert, eine Rondo-Sonate, und zwar eine sehr typische. Dieser Satz ist von der Kunst der Melodien her nicht so einprägsam, wie die beiden anderen, aber vielleicht bedarf er mehr des »Zerpflückens«, um durch den Aufbau auf seinen »technischen« Reichtum zu stoßen. Der Refrain wird von den Streichern und der

Flöte intoniert, er besteht aus 2 Phrasen zu je 8 Takten, die beide wiederholt werden. Sodann beginnt das ganze Orchester mit der 1. Strophe, die wiederum aus 2 Themen besteht. Nach wenigen Takten erscheint das Klavier, um maßgeblich am 1. Thema mitzuwirken. Dieses Thema wird wiederholt, dann aber vom Klavier, nur von den Streichern untermalt, fortgesponnen, um nach A-Dur zu gelangen, der Dominante, in der nämlich das 2. Thema der 1. Strophe steht.

Auch dieses Thema wird zunächst nur von den Streichern eingeführt, es besteht aus 2 mal 4 gleichen Takten, nur das zweite Mal eine Quint tiefer. Das Klavier folgt in gleicher Weise, das erste Mal allein, das zweite Mal mit Flöte und Fagott (die ihrerseits dann aber nicht noch einmal wiederholen). Mehr solistisch wird dann der Weg zurück nach D-Dur gesucht und gefunden. Dieses Mal beginnt das Klavier allein mit dem Refrain, die Wiederholung besorgen die Streicher, von den Bläsern unterstützt. Der 2. Teil des Refrains erscheint leicht variiert auch erst im Klavierpart und dann im ganzen Orchester. Die 2. Strophe beginnt mit einem neuen Thema in h-moll im Klavier, vom Orchester untermalt, wird wiederholt und verschwindet. Anstatt dessen beginnen die Streicher »aus dem Stand«, also noch in h-moll, das 2. Thema der 1. Strophe, das mit dem Anfang des Refrains diese 2. Strophe, quasi als Durchführung, bestreitet. Das Thema wird vom Klavier wiederholt, endend in G-Dur. Sodann beginnt die Flöte mit den

ersten 4 Takten des Refrainthemas, wird aber unsanft vom Klavier am Weiter-spinnen gehindert, das sich über 2 Takte Arpeggien nach e-moll verirrt (was aber immerhin das parallele moll von G-Dur ist – Subdom. Parallele des Grundtons). Die Oboen intonieren ebenfalls die ersten 4 Takte des Refrains, werden ebenso vom Klavier unterbrochen, das dann in C-Dur landet, worin die Fagotte noch einmal den Refrainteil bringen. Nun ist der Ball so richtig ins Rollen gekommen, die Bläser – Flöte, Oboe – werfen sich jetzt gegenseitig nur mehr die ersten 4 Töne des Refrains zu, und zwar jeweils einen halben Tonschritt höher, lebhaft begleitet vom Klavier, während die Streicher nur Stützpfeiler bieten, ebenfalls je einen halben Ton höher. Dann will das Klavier die Sache beenden, doch Flöte und Oboe begehren noch je einmal auf. Aber das Klavier hat das letzte Wort, es bringt die 4 Töne zum Abschluß noch einmal. Unter weiteren Arpeggien bringen nun die Violinen den Refrain erneut, sozusagen als unparteiische Stimme, um dann allen gemeinsam den kompletten Refrain zu ermöglichen. Danach folgt die 3. Strophe, die quasi die Re-Exposition darstellt, und als solche die 1. Stro-phe fast unverändert übernimmt. Eine kurze Kadenz schließt sich an, die sich hauptsächlich mit der Verarbeitung des 2. Themas aus der 1. Strophe beschäftigt. Die Coda ist ziemlich umfangreich, auch mit Klavier, sie beginnt mit dem ersten Refrainteil, beschäftigt sich dann aber auch noch einmal kurz mit dem 2. Thema der 1. Strophe mit gemeinsamem Abschluß. Das ganze Konzert ist eines der größeren Werke, vor allem in der Bearbeitung und Verteilung der »Ware«. Wie so viele dieser Konzerte wird es leider relativ wenig gespielt.

Klavierkonzert Nr. 13, KV 453, G-Dur

Allegro, Andante, Allegretto
<u>Orchester:</u> Quartett, Flöte, 2 Oboen, 2 Hörner, 2 Fagotte

Dieses Konzert hat Mozart für eine seiner besten Schülerinnen, Babette Ployer, geschrieben, wie übrigens auch KV 449. Es ist das 4. Konzert innerhalb weniger Wochen Anfang 1784, eine sehr produktive Zeit offenbar. 4 Konzerte und lauter »Meisterwerke«, auch dieses, obwohl nicht für sich selbst, was darauf schließen läßt, daß die Dame eine ernstzunehmende Pianistin war. Aber es ist ganz anders geartet als die 3 voraufgegangenen, was für Mozarts ungeheuren Reichtum an künstlerischen und technischen Möglichkeiten spricht. Vielleicht ist es auch so anders, weil es für eine Frau geschrieben ist?! Es ist inniger und intimer, aber auch nicht so unbeschwert und fröhlich.

<u>Der erste Satz</u> hat Marschrhythmus wie im vorigen Konzert, aber was für ein Unterschied, der Schatten eines Marsches!

Vom ganzen großen Orchester beginnen nur allein die 1. Violinen das Thema, die 2. Violinen und Bratschen fallen mit Untermalung ein, die Flöten und Oboen beenden die 4 Takte. Es wird variiert wiederholt, die Geigen einen Ton höher, die Bläser eine Quart höher, und mit einem Abschluß versehen. Nach diesem sehr zarten und piano gespielten 1. Thema folgt nun eine neue Phrase frisch

und kräftig, forte, und mit dem ganzen Orchester. Die ersten 4 Takte dem 1. Thema nicht unähnlich, die zweiten 4 Takte auf- und absteigende Tonleitern der Violinen unter Zustimmung der Bläser. Sie wird etwas verändert wiederholt und mit einem neuen Abschluß, Arpeggien in den Bläsern, versehen, und scheinbar zunächst zur Dominante geführt, doch die letzten 4 Takte bringen sie wieder zur Tonika.

Dieser neue Abschluß (T. 29 ff.) wird in der Reprise noch ein gewichtiges Wort mitreden. Das 2. Thema beginnt etwas atemlos.

Es weiß noch nicht so recht, ob es in Dur oder in moll erscheinen soll, entscheidet sich dann aber doch für Dur. Es wird von den Streichern eingeführt und von den Bläsern bestätigt, wobei die Streicher ein Echo machen. Auch dieses Thema ist ein neues Erscheinungsbild des 1. Themas. Hier folgt ein echt mozartscher Gedankensprung, mitten aus G-Dur landet man plötzlich mit einem neuen Gedanken in Es-Dur, dieser plötzliche Umschwung, auch im Klangvolumen, läßt ahnen, was passieren kann, wenn Mozart seinen Gedanken freien Lauf läßt. Ebenso schnell verschwindet das Ganze aber auch wieder, und wir finden uns wieder ordnungsgemäß in der Tonica. Einen Augenblick beruhigen sich die Streicher in einer kurzen Meditation, es wird wiederholt, der basso continuo eine Oktave

tiefer, die Bläser bringen eine Art Gegengesang, und alle gemeinsam beenden sehr »lieblich« die 1. Exposition, jeder auf seine Weise. Das Klavier beginnt mit dem 1. Thema zunächst allein, in der Wiederholung leicht verändert und von den Bläsern begleitet, wie sie es bei den Streichern getan haben. Daran schließt sich die Phrase, die die Verbindung zum 2. Thema beinhaltete. Hier führt sie allerdings über eine kurze »Bravourarie« des Klaviers erstmal zum Klavierthema, das in der Dominante (D-Dur) steht, auch dieses wird leicht verziert wiederholt, um dann erst wieder in der Reprise zu erscheinen. Der letzte Teil fließt in einen Dialog mit den Bläsern. Es wird etwas dunkler, Molltöne klingen an, wenn Flöte und Oboe sich Melodienfetzen zuwerfen, kontrapunktiert vom Fagott, und mit Arpeggien des Klaviers untermalt.

Dieser kleine Ausflug endet mit dem 2. Abschluß der Verbindungsphrase zum 2. Thema, und das folgt dann auch, vom Klavier zunächst allein vorgestellt, dann von den Bläsern in Oktaven wiederholt. Die Streicher begleiten, wie in der 1. Exposition, und diesmal macht das Klavier das Echo. Daran schließt sich etwas völlig »Unerlaubtes«, das Klavier ergeht sich in klangvollen Überlegungen, die aber eigentlich nichts mit der Materie zu tun haben. Den Abschluß bildet noch einmal die »Verbindungsphrase«, gekürzt in Streichern und Bläsern. Das Klavier beginnt mit der Durchführung, die hier wieder eine Phantasie ist, begleitet von den Bläsern, die nacheinander, genau wie das Klavier, auf- und absteigende Tonfolgen haben, die Streicher murmeln allenfalls ein paar einsame Töne. Es ist eine große Wellenbewegung abwechselnd mit einer Abwärtsbewegung des Klaviers gegen Aufwärtsbewegung in den Bläsern. Dieses endet nach 20 Takten in H-Dur, mit einem Abschluß, indem nur noch Hörner und Oboen das Klavier begleiten. Die Streicher bringen einen Übergang zu einer noch recht solistischen Passage in c-moll, sehr melodiös und ähnlich dem Durchführungsteil von KV 451. Mit dieser Passage ist die Durchführung dann auch beendet, und es beginnt die Reprise, zunächst ganz wie in der Exposition, 1. Thema vom Orchester gebracht mit einer abschließenden Modulation des Klaviers. Es folgt die »Verbindungsphrase« mit Wiederholung und neuem Schluß, der hier nun an Bedeutung gewinnt. Er wird vom Klavier wiederholt, führt dann, s.o., erst mal nicht zum 2. Thema, sondern zum Klavierthema mit allen gehabten Ausmalungen aus der Solo-Exposition. Dann wiederholt sich dieser neue Abschluß, und zwar kanonartig, Klavier, Fagott, Flöte, und nimmt damit einen recht beachtlichen und unüblichen Raum ein, er leitet dann aber ordentlich zum 2. Thema, was vom Klavier intoniert wird, ebenfalls mit allen solistischen Eskapaden. Dann kommt der Abschluß der 1. Exposition, gekürzt, nur die Kadenz einleitend (es gibt deren zwei). Den Abschluß des Satzes bildet die kleine Meditation vom Ende der 1. Exposition, nochmals einmündend in den neuen Abschluß der »Übergangsphrase«. Dieses ist schon eine recht freie und neue Art der Reprise, die zwar noch im wesentlichen wörtlich wiederholt, sich aber gerade in den An- und Verbindungen größere Freiräume schafft als bisher.

Der zweite Satz (wie üblich in der Subd. – C-Dur) Ist von ganz besonderer Art. Schon rein technisch kann man ihn nicht festlegen, kein richtiges Rondo, keine richtige Sonate, keine richtige Variation, aber ganz in sich geschlossen und vielgestaltig. Er ist im Gegensatz zu den meisten 2. Sätzen kein echter Kontrast zum 1. Satz, sondern eher eine Vertiefung und Verinnerlichung des Gedankengutes. Er beginnt mit einem sehr schönen einprägsamen Thema, von fragendem Charakter, das eigentlich den ganzen Satz beherrscht.

Fünfmal erscheint es in den 135 Takten, die der ganze Satz nur hat. Dieses erste und einzige Mal haben die Streicher das Sagen, in einer winzigen Melodie über 4 Takte, sehr melancholisch und wunderschön. Daran schließen sich die Bläser, Oboen, Flöte, Fagotte, mit einer nächsten Phrase, kanonartig aufgebaut, von den Streichern untermalt. Die Stimmung dieses etwas schwebenden überirdischen »Kanons« wird noch fortgeführt, erhält dann aber gewichtige Unterbrechungen durch die Streicher, von den Hörnern unterstützt, jedoch die Bläser behalten das letzte Wort. Den Abschluß bildet eine neue selbständige Phrase, die von ganz anderem, düsterem, Charakter ist, in c-moll, die erst die Streicher, dann die Bläser einbringen.

Aber dieser Stimmungswechsel ist auch wieder nur von kurzer Dauer, das ist sozusagen der Abschluß vor dem Klaviereinsatz. Das Klavier bringt die Eingangs-Fragen-Phrase unverändert, schwenkt dann aber abrupt in der selbst gegebenen »Antwort« nach g-moll und vertieft damit schon wieder die Melancholie. Aber auch hier folgen die Bläser gleich wieder mit ihrer »Antwort«, also wieder versöhnlich schwebend, die dann auch vom Klavier variiert akzeptiert, und noch ein bißchen ausgeschmückt wird, endend in G-Dur. Man hat den Verdacht, alle diese Gefühlsausbrüche werden immer wieder schleunigst coupiert, um den Rahmen des Satzes nicht zu sprengen, sie werden alle nur als möglich aufgezeigt und schnell wieder verwischt. Dann greifen die Bläser die Abschlußphrase noch einmal auf, auch die wird vom Klavier übernommen und verlängert in einem kleinen Schlagabtausch zwischen Klavier und Bläsern. Dieses ist überhaupt ein rechter Bläsersatz, sie sind dem Solopart durchaus ebenbürtig, der Rest des Orchesters hat dagegen eigentlich nur eine »Murmel«-Rolle. Jetzt bringen die Bläser als dritte das Eingangsthema, und das Klavier gibt ihnen die Antwort, die nach d-moll verbannt ist, die wiederum einen erneuten köstlichen Schlagabtausch zwischen Solo und Bläsern nach sich zieht. Die Bläser blasen kurze Fragen, die vom Klavier mit etwas längeren chromatisch bekleideten Phrasen beantwortet werden. Daran schließt sich eine kurze solistische Episode, in der man in entfernteren Tonarten probt, und in cis-moll endet. Für die Rückfindung zum Grundton ist dann für 4 Takte das Orchester gut. Sodann nimmt das Klavier zum zweiten Mal, insgesamt zum vierten Mal, das Eingangsthema auf, mit einer leicht veränderten Antwort, die Bläser geben ihre Phrase wieder und das Klavier übernimmt auch diese. Es kommt zu einem etwas weitschweifigen gemeinsamen Abschluß vor der

Kadenz, einer der wenigen 2. Sätze mit Kadenz. Nach der Kadenz bringen die Bläser noch einmal, zum letzten Mal, die Eingangsphrase, aber die Frageform löst sich in sich zu einer alles beantwortenden, nichts mehr in Frage stellenden Phrase auf, in einem gemeinsamen Abschluß.

Der dritte Satz dieses Konzerts ist, zum ersten Mal kein Rondo, ein Variationssatz und zwar über Mozarts hübsches »Vogel Stahrl« Lied (später auch Papagenos Auftrittslied!). Dieser Vogel flattert aber auch wirklich fast durch den ganzen Satz. Das zweiteilige Thema wird vom Orchester vorgestellt, jeder Teil

wird wiederholt, bestehend aus je 8 Takten. Die erste Variation ist zugleich der erste Soloeinsatz und wird im wesentlichen auch vom Klavier allein bestritten, ist aber nur ganz wenig variiert, vielleicht eher ausgeschmückt, wie man überhaupt bei den ganzen Variationen weniger auf die tatsächliche Variation des Themas, vielmehr auf die reiche Variation der Orchestrierung achten sollte. Die 2. Variation hat den ersten Teil des so gut wie unveränderten Themas in der Flöte, von den anderen Bläsern unterstützt, und vom reichen Gemurmel des Klaviers untermalt. Die Wiederholung bestreitet das Klavier ziemlich unisono mit den Streichern, aber das Klavier hat das Sagen! Den 2. Teil übernehmen themenmäßig wieder die Bläser, diesmal Flöte, Oboe und Fagotte, mit gleicher Klavieruntermalung, auch hier schweigen die Streicher ganz. Die Wiederholung bringt dann das Klavier mit Streichern. Die 3. Variation beginnen erneut die Bläser mit verteilten Rollen und etwas variiertem Thema, sie werden diesmal kräftig unterstützt von den Streichern. Die Wiederholung übernimmt wieder das Klavier, wobei die Bläser schweigen und die Streicher sich durch Zwischenrufe hervortun. Den 2. Teil nehmen die Bläser fast für sich allein in Anspruch, nur am Schluß unterstreichen die Streicher die schöne Variation.

Die Wiederholung liegt wieder beim Klavier, von Bläsern und Streichern wohlwollend untermalt. Die 4. Variation ist wohl die interessanteste, sie bewegt sich in moll, daher ein bißchen tiefgründiger und melancholischer, was man von den anderen Variationen wirklich nicht sagen kann. Die Streicher beginnen mit dem 1. Teil und erhalten am Ende Verstärkung durch die Bläser, die mit der 1. Violine »gleichgeschaltet« sind. Die Wiederholung, etwas anders variiert, übernimmt das Klavier allein. Den 2. Teil übernimmt das ganze Orchester, und die

Wiederholung wiederum das Klavier fast allein, die Bläser werfen Themenfetzen dazwischen. Am Ende sind wir wieder in G-Dur. Die 5. Variation, am ehesten als solche zu bezeichnen, weil das Thema wirklich ausführlicher zerstückelt und variiert wird, beginnt in bekannter Fröhlichkeit. Das ganze Orchester bestreitet den 1. Teil, die Wiederholung das Klavier allein, und zwar liegt das Thema diesmal in der linken Hand unter einem Triller der rechten Hand.

Den 2. Teil übernimmt dann das ganze Orchester, wobei sich, wie beim 1. Teil, die einzelnen Gruppen, aber auch einzelne Instrumente gegenseitig Thementeile zuwerfen. Die Wiederholung hat wieder das Klavier allein, diesmal »normal« rechtshändig. Daran schließt sich das Thema nochmals in sich abwärts bewegenden Variationen im Klavier sozusagen als Abschluß dieses Satzteils. Kadenz und große Pause lassen Unerwartetes erwarten. Und so ist es auch. Mozart hat hier etwas Einmaliges völlig »Ungesetzliches« veranstaltet, indem er fast die 2. Hälfte dieses Satzes völlig vom Rest desselben trennt, nicht nur durch Kadenz und Pause, auch durch eine extra »Überschrift« – FinaIe-Presto –, wie ein Opera buffa Abschluß! Ist es nun eine riesen Coda, oder eine nicht minder große 6. Variation? Zunächst ist Mozart vom Thema weit entfernt in diesem »neuen Satz«. Bei näherem Hinhören und -sehen entdeckt man dann einzelne Thementeile überall auf die Instrumente verteilt in unglaublich reicher Variation. Darin eingebettet ist eine Art Durchführung über das sehr entfremdete Thema, oder man kann auch sagen über ein verwandtes Thema (ab T. 222), sehr reich orchestriert, fast symphonisch. An dessen Schluß erscheint die 1. Hälfte des »richtigen« Themas erst im Solo, dann in den Bläsern. Das Ganze wird wiederholt, auch schon wieder sehr variiert. Es ist ein Teil, der rhythmisch und klanglich sehr reich ausgestattet ist von piano bis fortissimo. Gegen Ende erscheint das Thema im Klavier, und die restlichen Teile desselben werfen sich Solo und Bläser als Abschluß zu.

Klavierkonzert Nr. 14, KV 456, B-Dur

Allegro, Andante, Allegretto-Presto
<u>Orchester:</u> Quartett, Flöte, 2 Oboen, 2 Hörner, 2 Fagotte

Dieses Konzert ist fertig am 30.9.1784, also immer noch dasselbe reiche Jahr. Es ist wohl für die blinde Marie-Thérèse Paradis entstanden, eine Freundin Mozarts. Es ist ein etwas uneinheitliches Konzert, der 1. Satz ist nicht so ausgereift wie die Vorgänger, nicht so vielfältig, er ist entschieden schwächer als die beiden anderen Sätze. Das Moll-Andante, ein Variationssatz, ist sehr herausgehoben, und auch das Rondo oder besser die Rondo-Sonate gehört zur »Meisterklasse«. Das Konzert ist genauso reich besetzt, und doch wirkt es schwächer.

<u>Der 1. Satz</u> hat eine ganze Reihe von Themen und Phrasen, die sich aber alle sehr ähnlich sind, es entstehen keine Kontraste dadurch. Der ganze Satz strömt eine große Ruhe aus, vielleicht könnte man ihn als etwas lyrisch bezeichnen, aber er ist in seiner Ähnlichkeit vielleicht auch ein bißchen langweilig. Das Auseinandernehmen ist wegen der Ähnlichkeit der Themen nicht so einfach. Das 1. Thema wird von den Streichern vorgestellt und von den Bläsern wiederholt, d.h. nur die 1. Hälfte, die 2. Hälfte übernehmen dann wieder die Streicher.

Erst in der Abschlußphrase des 1. Themas, die noch häufig wiederkehren wird, vereinigen sich die beiden Klangkörper, um dann gemeinsam die Vorbereitungen

zum 2. Thema zu treffen, wobei hier eindeutig die Bläser das Sagen haben, sowohl

in der Vorbereitung als auch im Thema selbst.

Den Abschluß des 2. Themas bestreiten die Bläser sogar allein, dafür haben die Streicher noch einige Takte lang eine neue Phrase bekommen, als »Anhänger«! Zum Abschluß der 1. Exposition sind sie wieder vereint. Das Klavier beginnt mit seiner Exposition, die alles aus der ersten enthält zuzüglich zweier Klavierthemen, eher Phrasen, mit dem 1. Thema allein, die Wiederholung wird mit verteilten Rollen, Klavier und Bläser einerseits, Streicher andererseits gespielt. Die darauf-folgende »Vereinigungsphrase« wird ebenfalls mit verteilten Rollen gespielt. Das Klavier spinnt den Faden fort zum Klavierthema in F-Dur (Dom.) recht solistisch und ausgesponnen und lose an das nun folgende 2. Thema angeknüpft. Wie in der 1. Exposition wird es von den Bläsern angekündigt und auch von ihnen vorgetragen, diesmal wiederholt erwartungsgemäß das Klavier einschließlich des kleinen »Anhängers«. Danach folgt das 2. Klavierthema dieses Satzes. Es ist von etwas bewegterem Rhythmus und nur sporadisch vom Orchester unterstützt, auch dieses wird wiederholt. Den Abschluß dieser Exposition bildet wieder die »Vereinigungsphrase«. Die Durchführung ist keine Phantasie, aber auch keine richtige Abhandlung der vorgestellten Themen, sie ist, wie so oft, ein Gemisch. Zunächst beginnt das Klavier sich mit dem 1. Thema phantasievoll auszubreiten, aber nach 10 Takten kommen die Bläser (Oboen, Fagotte) mit dem Abschluß der 1. Exposition, die Aufmerksamkeit auf sich zu lenken, sie wiederholen diesen etwas hämmernden Takt ständig, nur die Lage wechselt, darunter phantasiert

das Klavier, d.h. eigentlich ergeht es sich in verschiedenen Tonleitern von d-moll bis B-Dur. Gegen Ende gesellen sich Flöte und Hörner noch hinzu, um dann ganz zu schweigen und dem Klavier Platz für Solistisches zu machen. Aber sie kommen wieder und bestreiten die letzten 3 Takte als Übergang zur Reprise, sich von piano bis forte steigernd, um dann die Reprise wieder fein säuberlich piano und in B-Dur zu beginnen: Des 1. Themas 1. Teil, wie zu Beginn bei den Streichern, wenig unterstützt von den Bläsern ohne Hörner, die Wiederholung bestreiten alle Bläser über einem Triller in der rechten Hand des Klaviers. Der 2. Teil wird vom Klavier bestritten, und den Abschluß bildet die »Vereinigungsphrase« ohne Klavier. Daran schließt sich das 1. Klavierthema sowie das 2. Thema mitsamt »Vorspiel«, wobei die Themenwiederholung wieder das Klavier übernimmt, wie auch den »Anhänger«, gefolgt vom 2. Klavierthema, dessen Wiederholung eine Oktave höher angesetzt ist. Ein bißchen Phantasieren mit praktisch doppeltem Abschluß vor der Kadenz, nämlich einmal der Abschluß der 1. Exposition in den Bläsern vom Klavier untermalt, und dann die »Vereinigungsphrase« im ganzen Orchester ohne Klavier. Die Kadenz ist kurz und nicht sehr eindrucksvoll. Danach kommt das Klavier nicht mehr zu Wort, es ist eine kurze Coda, die nochmals die Abschlußphrase zwischen Streichern und Bläsern zum Inhalt hat.

<u>Der zweite Satz</u> ist ein Andante, ein Variationssatz, eine eher seltene Satzform bei Mozart, obwohl er in den Jahren 1784/85 gerade öfter dazu greift, und wir gerade im Voraufgegangenen einen 2. (KV 450) und einen 3. (KV 453) Satz in dieser Form hatten. Dieser Satz steht in g-moll, dem parallelen moll zu B-Dur. Das ist seit 1777 – dem Jeunnehomme Konzert – KV 271 – der erste Moll-Satz in den Klavierkonzerten. Es gab natürlich immer mal Moll-Anklänge. Es ist offenkundig, daß ein Andante in moll tiefgründig, melancholisch und nachdenklich sein muß. Offenbar eignet sich die Variationsform dafür sehr gut. Dieses Andante gehört zu seinen großen Variationswerken und steht im krassen Gegensatz zu dem etwas leichten 1. Satz, aber auch das ist Mozart, der durchaus brüsk solche Kontraste nebeneinander stellt. Wir haben ein Thema

und fünf Variationen und eine Coda, die nach ihrer Länge auch die 6. Variation sein könnte.

Das Thema mit sehr einprägsamem Rhythmus ist zweiteilig, die 1. Hälfte besteht aus 8 Takten, die wiederholt werden, die 2. Hälfte gestattet sich noch eine Codetta, so daß sie auf 12 Takte kommt, sie wird ebenfalls wiederholt. Die Streicher führen das Thema ein, unterstützt von den Bläsern besonders in der Codetta. Die 1. Variation, die in beiden Teilen, wie zu Beginn, wiederholt wird, übernimmt das Klavier.

Das ist zugleich sein erster Einsatz. Die 2. Variation beginnen die Bläser, und zwar haben Flöte und Oboen das Thema unverändert, während die Fagotte die eigentliche Variation durchführen. Die Wiederholung des 1. Teils übernehmen die Violinen mit der Variation im Klavierpart. Der 2. Teil beginnt wieder in den Bläsern mit der Betonung auf den Fagotten, auch hier ist das Orchester nur im Hintergrund, die Wiederholung ist, wie im 1. Teil, für Violinen und Klavier. Die 3. Variation ist anders. Das gesamte Orchester beginnt mit einem Sforzando, außer Bratsche und Baß gehen alle ins piano zurück, diese spielen nacheinander sechzehntel Tonleitern, dann werfen sich Streicher und Bläser Thementeile zu. An diesem Furor beteiligt sich das Klavier nicht, sondern es

bringt danach besonders betont sanft des Themas 1. Teil. Auch vor den 2. Teil hat Mozart nochmals solch ein Vorspiel gesetzt, und das Thema liegt dann wieder beim Klavier. Nach dieser sehr dramatischen Variation folgt nun wieder eine zarte und weiche und zwar eine Dur-Variation. Flöte und Oboen beginnen mit dem nach D-Dur transponierten Thema, und das Klavier, von den Streichern wenig unterstützt, bringt die Wiederholung, der 2. Teil und seine Wiederholung sind gleichermaßen verteilt, nur daß hier alle Bläser mitarbeiten. Die 5. Variation bringt das Thema wieder in den Geigen, und zwar natürlich wieder in moll, und sie werden vom Klavier mit Modulationen kräftig unterstützt, es findet keine Wiederholung mehr statt, sondern 1. und 2. Thementeil werden lose aneinandergereiht, beide in gleicher Besetzung, die Bläser haben zum Schluß auch noch ein paar Töne beizusteuern, und es kommt zu einem richtigen Abschluß. Das Ende des Satzes bildet eine Coda, die fast eine 6. Variation sein könnte. Das ganze Orchester beginnt fortepiano, wobei die Bläser die ersten Takte des Themas spielen, sie werden abgelöst vom Klavier, das allein ebenfalls diese Takte bringt, dann haben für wenige Takte die Bläser nochmals das Thema, von den Streichern untermalt. Zum Abschluß sind es, wie in KV 453, nur mehr Fetzen des Themas, die zwischen Bläsern und Klavier hin und her gehen. Die Streicher bilden den festen Untergrund für dieses Gefecht. Es endet sehr melancholisch.

85

Der dritte Satz, eine Rondo-Sonate, wie die beiden letzten Finalsätze in B-Dur und im 6/8tel Takt. Er ist in dem wiederholten Gebrauch der Tonverdoppelungen bzw. Verdreifachungen den voraufgegangenen Sätzen nicht unähnlich. Das Klavier beginnt mit dem Refrain (Teil A), bestehend aus 8 Takten, das

Orchester wiederholt sie, verlängert und fügt nacheinander drei weitere kurze Phrasen hinzu, die im Teil B wieder aufgegriffen werden.

Es ist also insgesamt ein relativ langer Refrainteil (58 T.), an dem, außer den ersten 8 Takten, das Klavier keinen Anteil hat. Es beginnt mit dem Teil B – der 1. Strophe – dem 2. Teil der Exposition – mit dem 1. Thema, 4 Takte, die

wiederholt und umspielt werden, mit sparsamster Orchesterbegleitung. Der 1. Takt wird noch zweimal mit eingebunden, beim zweiten Mal in c-moll, auch die Bläser greifen ihn einmal auf, es wird weitermoduliert über g-moll (paral. moll v. B-Dur) nach F-Dur (Dom.), zum Abschluß klingt der 1. Takt in der linken Hand noch einmal an, und das Ganze endet in C-Dur, und zwar mit dem ganzen Orchester. Es schließt sich das 2. Thema an, ebenfalls 4 Takte, die wiederholt

werden, nur vom Klavier, dann greifen es die Bläser auf, und auch sie wiederholen. An die Themenvorstellung schließt sich eine recht solistische Episode an, in deren

Verlauf das Orchester dann aber auch noch zu Wort kommt, und zwar stellen die Bläser eine der Phrasen aus Teil A (2.) vor, wiederholen sie, das Klavier wirft eine Antwort dazwischen, und greift dann selbst die andere Phrase aus A (3.) vom Orchester begleitet auf. Teil B schließt auf dem Dominantseptakkord von B-Dur. Es folgt wieder Teil A, aber nur der eigentliche Refrain, also 2 mal 8 Takte, einmal Klavier, einmal Orchester. Daran schließt sich Teil C, eine Art Durchführung, eine Phantasie, in deren Verlauf zwei neue Phrasen aufgeworfen werden.

Eine temperamentvolle

und eine elegischere,

beide nur für das Klavier mit spärlicher Begleitung, die erste folgt nochmals und in Teilen mehrfach. Hierbei wird kräftig moduliert, über Es-Dur, c-moll bis h-moll, wobei es dann bleibt, bis man am Ende der Durchführung nach B-Dur zurückfindet. Hieran schließt sich die Reprise, allerdings ohne den Teil A, den eigentlich obligatorischen Refrain zwischen den einzelnen Abschnitten, also auch ohne die drei »Extraphrasen«, also auch ohne deren Verarbeitung am Ende der 1. Exposition. Das ist nicht einmalig, wir werden es in KV 459 und KV 488 nochmals erleben, daß Mozart »gegen die Regeln verstößt«. Ansonsten ist die Reprise fast eine genaue Wiederholung der Exposition. Es folgt die Kadenz. Danach kommt nochmals kurz vom Klavier angespielt der Refrain aufs Tapet, und eine Coda beschließt den doch sehr bemerkenswerten Satz und damit das Konzert.

Klavierkonzert Nr. 15, KV 459, F-Dur

Allegro, Allegretto, Allegro assai
Orchester: Quartett, Flöte, 2 Oboen, 2 Hörner, 2 Fagotte

Dieses Konzert ist im Dezember 1784 entstanden. Der zeitliche Abstand zu den eng aufeinander folgenden Voraufgegangenen ist also etwas größer geworden, der inhaltliche weniger. Es ist von gleicher Größe und Musikalität wie 450 und 451, es zeigt die gleiche Freude an der Musik, am derzeitigen Leben und am Klavierspiel. Es ist vielleicht noch einen Hauch selbstsicherer, in der sicheren Gewißheit, daß er es nun geschafft hat, ein Publikum hat, das ihn liebt, das bereit ist, die Akademien zahlreich zu besuchen. Also auch das Geld fließt. Es ist vielleicht seine glücklichste Zeit, in der dieses Konzert entsteht. Es ist, verständlich bei der derzeitigen Beliebtheit, für ihn selbst geschrieben. Es ist ganz Fröhlichkeit, selbst die Mollklänge des 2. Satzes sind nur ein Ausflug in Möglichkeiten, nicht in Realitäten. Und doch ist es wieder anders und neu!

Der erste Satz ist ein Allegro mit sehr freier und unprätentiöser Konstruktion. Das 1. Thema, ein siegreiches fröhliches Marschthema, wird piano von den

Streichern und der Flöte eingeführt, besteht aus 4 Takten, die wiederholt werden, dann erfolgt eine Wiederholung dieser 8 Takte, forte, mit allen Bläsern. Daran schließt sich eine neue Phrase, eine Art Anhängsel, einmal Orchester, einmal Bläser mit einer Schlußphrase. Aber es geht munter weiter, kleine Phrasen in loser Folge, zum Abschluß noch einmal eine sehr ausgeprägte Phrase, die mehrfach wiederholt zum Abschluß der 1. Exposition führt, ohne daß ein richtiges 2.

Thema aufgetaucht wäre. Darauf folgt der Klaviereinsatz mit dem 1. Thema, 8 Takte, die Wiederholung besorgen Oboen und Fagotte, das Klavier beginnt bereits hier mit seinen, im Verlauf des Satzes, hinlänglich bekannten Triolen. Daran schließt sich ein kleines unwesentliches Klavierthema, wird ebenfalls wiederholt. Die Streicher untermalen mit der Anhängselphrase, bei der Wiederholung sind es die Bläser. Aber kaum haben wir einen ordentlichen Abschluß, da stehen die Bläser schon wieder mit dem 1. Thema vor der Tür, eigentlich nur mehr die ersten 2 Takte, das aber ausgiebig, das Klavier untermalt mit Triolen in der linken Hand. Nach über 20 Takten über die 2 Takte erscheint zu einem (nach den Regeln!) völlig verspäteten Einsatz das 2. Thema, aufgeteilt in je eine Hälfte Streicher, eine Hälfte Bläser, wiederholt und umspielt vom Klavier aufgegriffen. Hier werden für einige Takte der Marschrhythmus und die Triolen ausgesetzt. Aber auch da bleibt keine Zeit für Extras. Schon wieder stehen die Bläser mit den unvermeidlichen 2 Takten auf der Schwelle. Und nun wird noch einmal gemeinsam großräumig darüber palavert bis zum Triller, der die Durchführung »einläutet«. Natürlich ist auch hier im wesentlichen von nichts anderem die Rede! Das ganze Orchester beginnt, aber eben auch nur mit den ersten 2 Takten des Themas, und die werden noch auseinandergenommen. Bis 2 Takte ganze Noten etwas Beruhigung ins Spiel bringen, und Oboen und Fagotte mit den gleichen 2 Takten nach a-moll führen (a-moll – Dominantparal. von F-Dur), die andern folgen, und das Klavier hat seinen ersten Einsatz in der Durchführung in moll. Mit einer ganz neuen Phrase, die aber nur für 2 Takte reicht, dann ist der Rhythmus der berühmten 2

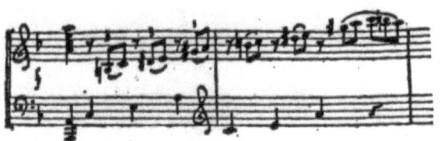

Takte schon wieder in den Bläsern, mit den klaviereigenen Triolen. Die 2 neuen Takte werden zwar noch einmal wiederholt, dann aber endgültig vom Altbekannten ausgeschaltet. Die 2 Takte oder auch nur ihr Rhythmus mit den dazugehörenden Triolen in der linken, bisweilen auch in der rechten Hand beherrschen den Rest der Durchführung. Es ist erstaunlich, welcher Einfallsreichtum hier zu Gehör kommt, um ein paar Takte immer wieder ansprechend neu zu gestalten. Nach 55 Takten sind wir bei der Reprise angelangt, die ziemlich unverändert die Exposition wiederholt, nur daß hier das Klavier beginnt. Eine sehr schöne kurze Kadenz und eine Coda, in der weder das Thema noch der Rhythmus des Voraufgegangenen zur Sprache kommen, dafür aber die Abschlußphrase aus der 1. Exposition (T. 57–72) vor Eintritt des Klaviers, sie beendet diesen außerordentlichen Satz. Es grenzt ja wirklich schon fast an Überheblichkeit, daß man einen langen Satz von ca. 450 Takten mit so wenig verschiedenem Themenmaterial bestreiten kann! Es ist eine einzige Musizierfreude!

Der zweite Satz steht, unüblich, in der Dominanttonart des 1. Satzes, also in C-Dur. Er ist ein Allegretto (ein wenig bewegt), also kein richtiger langsamer Satz, wie es sonst an dieser Stelle üblich ist, aber was ist an diesem Konzert schon üblich. Es ist ein zweiteiliger Satz, in dem aber ein Thema vorherrscht, wie im 1. Satz. Ein etwas besinnlicheres Thema mit kleinen Molleinlagen. Das Orchester bringt das 1. Thema, 4 Takte, wiederholt es, bereits mit anderem Schluß, der mehr

Schlußcharakter hat. Daran schließt sich ein Zwiegespräch zwischen 1. Violine und Oboen, das nach f-moll geleitet wird, eine schlängelige Phrase, die aber nicht noch einmal erscheint. Das ganze Orchester moduliert sehr künstlerisch nach C-Dur zurück, in einer kleinen Codetta. Alles an diesem Satz ist kurz und klein, denn der ganze Satz hat nur 159 Takte. Das Klavier erscheint mit dem 1. Thema, den 4 Takten, die Wiederholung ist bereits ein Wechselgesang zwischen Flöte, Oboen und Klavier, allerdings ist es keine richtige Wiederholung, sondern dieser Wechselgesang »besingt« nur den 1. Takt des Themas, immer in Sexten voneinander entfernt, von E über C, A und F, landend in d-moll. Das Klavier, von Streichern unterstützt, moduliert wieder nach D-Dur. Nun erwartet man das 2. Thema, aber das 1. Thema, seine erste Hälfte, wird nochmals kanonartig abgehandelt, beginnend in der Flöte, Fagotte folgen, rechte und dann linke Hand des Klaviers von den Violinen mit Bassi Alberti untermalt. Das Klavier beschließt diesen weiteren Ausflug mit einer Codetta, endend in G-Dur. Diesen G-Dur-Dreiklang nehmen Oboen und Fagotte für einen Takt auf, um ihn dann nach g-moll zum 2. Thema umzuwandeln.

Beide Fagotte, beide Oboen und Flöte intonieren es, das Klavier wiederholt. Dieses sind andere Töne, ernst und melancholisch, anders als alles in diesem Konzert. Die Bläser bringen den 2. Teil des Themas in zaudernd absteigender Tonleiter, Streicher folgen ebenfalls absteigend, wenn auch innerhalb jeder Triole aufsteigend. Vom Klavier wird das alles variiert untermalt. Noch herrscht Ernst und Melancholie, aber schnell werden die Schatten wieder verwischt, und Klavier und Bläser werfen sich kurze Phrasenfetzen zu, und eine Codetta bringt uns wieder nach C-Dur. Damit ist der 1. Teil des Satzes beendet, und der 2. beginnt sogleich mit dem 1. Thema, diesmal im Klavier. Der ganze 2. Teil ist fast ein Spiegelbild des 1. Teils. Es fehlt die schlängelige Phrase von Oboen und Violinen, kleine Modulationsänderungen, es geht noch einmal kurz nach G-Dur, dann aber endgültig nach C-Dur. Es folgt der Kanon, Codetta, dann das 2. Thema, diesmal in c-moll. Die Coda etwas ausführlicher, sie bringt noch einmal den Wechselgesang zwischen Bläsern und Klavier mit dem 1. Takt des 1. Themas in aufsteigenden Tonleitern. Und dann entschwindet der Satz mit den letzten Flötentönen ins Nichts.

Der dritte Satz ist wieder eine Rondo-Sonate, aber eine besonderer Art. Man könnte sagen, im Mittelpunkt steht die Nebeneinanderstellung von Homophonie (vertikale Dimension der Gleichstimmigkeit) und der Kontrapunkt, Mittel der Polyphonie. Es gibt, wie auch im 1. Satz, verschiedene kleine Phrasen, die relativ bedeutungslos sind, denn eigentlich sind es wieder nur zwei Themen, die den Satz beherrschen, ein rhythmisches, das in erster Linie den homophonen Teil vertritt, und ein melodisches, was dem Kontrapunkt, der Polyphonie, verschrieben ist, ersteres ist zugleich das Refrainthema.

Es besteht aus zwei Teilen, die beide jeweils erst vom Klavier und dann von den Bläsern intoniert werden. Die jeweils ersten 2 Takte (siehe auch 1. Satz) beider Refrainteile spielen im Verlauf des Satzes eine wesentliche Rolle. Nach Vorstellung des Refrains folgt sinngemäß beim Rondo Teil B oder die 1. Strophe, von der Sonate aus gesehen die Exposition mit ihrem 1. Thema. Der kontrapunktisch-polyphone Teil beginnt in den Bässen (Fagotte, Violoncello und Contrabaß) mit dem neuen Thema.

Und das ist der Beginn einer Fugenexposition zu 4 Stimmen (alle 2 Takte eine Stimme), die erste also die Bässe, die zweite Viola und Oboen (nur der Anfang des Themas), die dritte 2. Geigen und Oboe (ebenfalls nur der Anfang) und die vierte Stimme bilden 1. Geige und Flöte. Das Horn geht seine eigenen Wege drumherum. Das Ganze ist rein orchestral, das Klavier hat hier vorläufig nichts zu sagen. Die Polyphonie macht der Homophonie mit Tremolos in den Streichern Platz, über ein bißchen moll landet man auf der Dominanten. Hieran schließt sich, eigentlich ziemlich »fehl am Platz«, ein Intermezzo über die ersten 2 Takte des Refrainthemas, abwechselnd in Bläsern und Streichern, bei Wechsel von piano und forte, endend mit Tremolos in den Streichern auf der Tonica. Nun erst folgt das 2. Thema der Exposition, über dem F der Bässe erhebt sich ein freches kleines Thema in den Streichern, von den Bläsern unterstützt, die

Wiederholung in den Bläsern, von den Streichern unterstützt mit einem sehr orchestralen Abschluß. Somit sind 120 Takte »verbraucht«, ein langes Tutti, und man hat das Klavier schon fast vergessen. Aber jetzt tritt es wieder in das Geschehen mit seinem eigenen Thema, was aber im weiteren Verlauf keinerlei

93

Bedeutung erlangt, und, kaum beendet, schon vergessen ist. In die folgenden virtuosen Passagen des Klaviers schleichen sich alsbald, von den Bläsern intoniert, die berühmten ersten 2 Takte des Refrainthemas ein. Das Klavier ignoriert sie zunächst, dann aber greift die linke Hand den unverwechselbaren Rhythmus auf, und nachdem die Streicher unter einem Triller auf G in der rechten Hand die beiden Takte ebenfalls aufleben lassen, greift auch das Klavier zu und beendet diesen Teil des Satzes sehr solistisch. Es ist kein richtiger Refrain, der hierher gehört hätte, aber immerhin ein Ersatz. Nun folgt Teil C des Rondos, oder die 2. Strophe, dem gleichzusetzen, aus Sicht der Sonate, die Durchführung. Das neue Thema wird von den Streichern und Bläsern, je zu 4 Takten, eingeführt,

und sofort vom Klavier aufgegriffen. Dieses hat es aber schnell vergessen und befindet sich schon wieder auf »virtuosen« Pfaden, wird aber zumindest gestört durch die Bläser, die die letzten 2 Takte des Themas mehrfach dazwischen werfen. Hiernach beginnen zunächst die Bässe einschließlich linker Hand mit den auf- und absteigenden Tonleitern des Fugenthemas (I. Thema aus dem Teil B). Rechte Hand und Geigen wiederholen es – Codetta –. Hieran schließt sich der ziemlich originalgetreue Refrain, also Klavier 8 Takte, Bläser 8 Takte, Wiederholung. Wenn man es weiterhin technisch aufteilt, folgt darauf Teil D des Rondos. Ist das aber weiterhin noch Durchführung, von der Sonate her gesehen, oder schon Reprise? Doch wohl ersteres. Denn jetzt wird es ganz aufregend! Flöte, 1. Oboe, 1. Violine bringen das Fugenthema, werden aber von 2. Oboe, Fagott und 2. Violine mit den berühmten 2 Takten des Refrainthemas untermalt, oder auch attackiert! 1. Fagott und Viola führen die Fuge fort, ebenfalls »untermalt« vom 2. Fagott und den Celli. Fagotte und Celli nehmen das Fugenthema auf, gegen Flöte und 1. Geige, dasselbe noch einmal mit 1. Oboe und 2. Geige gegen 2. Oboe, 1. Geige und Viola. Den Abschluß dieses Prachtstücks machen Fagotte und Celli gegen massiertes Refrainthema in Flöte, Oboen, 1. und 2. Geigen. Die 2. Oboe und 2. Geige verhauchen sozusagen diesen Teil des Satzes mit dem 1. Teil des Fugenthemas, während Flöte, 1. Oboe und 1. Geige die Refraintakte bringen.

Dieses sind außerordentlich schöne und interessante 35 Takte, wieder einmal rein orchestral, die ein Zusammenspiel vertikaler (Homophonie) und horizontaler (Polyphonie) Dimension darstellen. Nun erscheint das Klavier wieder, will sich aber diesem Zusammenspiel nicht ein- oder unterordnen, sondern es ergeht sich in Arpeggien. Wird dann aber von den Streichern mit dem Refrainthema angemahnt, ohne Erfolg. Auch das nochmals folgende Fugenthema, was zunächst die Geigen intonieren, gefolgt von Viola und Celli, und nochmals die Geigen, aufgeteilt in 1. und 2. Geigen, umspielt das Klavier nur mit seinen bravourösen Arpeggien. Hierauf folgt, unter einem Triller des Klaviers, eine Art Refrain, aber auch nur wieder die ersten beiden Takte, zunächst von den Streichern, werden dann aber vom Klavier, eigentlich nur der Rhythmus, aufgenommen und schnell wieder beendet. Es folgt die 3. Strophe – D –, also die Reprise. Streicher und Bläser intonieren das 1. Durchführungsthema, Klavier nimmt es auf, um es gleich wieder zu verlassen, und sich solistisch zu betätigen. Unterbrochen von den Bläsern mit den berühmten 2 Takten. Das Fugenthema erscheint in den Bläsern, linker Hand von Arpeggien begleitet, wiederholt von den Geigen mit rechter Hand. Eine Coda schließt sich an, die noch mal sehr eigen ist. Auf der Tonika-Pedale – linke Hand – rechts eine zweiteilige Figur Ton für Ton aufsteigend, viermal, dazu Synkopen in den Streichern und das Refrainmotiv in den Bläsern mit absteigendem Abschluß. Es folgt die Kadenz mit Fugen- und Refrainthema. Coda – Refrainandeutung, kurz klingt noch einmal das unbedeutende 2. Thema des Teils B an. Alle gemeinsam bringen den Satz zu einem würdigen Ende. – Das ist eher ein »Nicht-Rondo«, denn was ein Rondo insbesondere ausmacht, die regelmäßige Wiederkehr des Refrains, ist hier sehr »lasch« gehandhabt, entweder an den »richtigen« Stellen nur andeutungsweise, oder da wo es nicht hingehört eher vollständig. Es ist ein Satz voller Überraschungen und in all seiner Spielerei ein Zeuge, wie Mozart sein Handwerk beherrscht, und welch diebische Freude er geradezu zu haben scheint, Abnormitäten unterzubringen.

Klavierkonzert Nr. 16, KV 466, d-moll

Allegro, Romanza, Rondo
<u>Orchester:</u>   Quartett, Flöte, 2 Oboen, 2 Fagotte, 2 Hörner, 2 Trompeten,
                2 Pauken

Das d-moll-Konzert vom Februar 1785 ist, oder markiert einen durchgreifenden
Wendepunkt in Mozarts Schaffensperiode. Sein Lebensumfeld scheint so gesi-
chert, daß er sich nun vom Zeit-»Geschmack« distanziert, und seinen ureigenen
Intentionen nachkommt. Und da ist kein Platz mehr für »Galantes«, auch wenig
für Leichtes. Tiefere Gefühle kommen zum Ausdruck, auch Heroisches und
vielleicht etwas Abenteuerliches. Mozart befindet sich hier und jetzt und im
folgenden auf dem Höhepunkt seiner Kreativität und Stärke, auch was Eigenwilligkeiten im Ablauf des ja durchaus genormten Konzertsatzes anbelangt. (Vgl. 1.
Satz: 2. Thema in D-<u>Dur</u>! was ja bestenfalls nach der Soloexposition hätte sein
können. Und was dann aber an Tonästhetik oder Tonaussagefähigkeit fehlt,
wird durch ein freies, weiteres 3. Thema vervollständigt.) Wenn man bedenkt,
das zwischen dem letzten Konzert KV 459 und diesem nur zwei Monate liegen,
so scheint diese Veränderung unglaublich.

    <u>Der erste Satz,</u> das Orchester beginnt, piano, mit einem eindrucksvollen Ge-

murmel und finsteren Triolen in den Streichern, die nach kurzem, auch piano,
etwas Unterstützung von den Bläsern bekommen. Die ersten 15 Takte sind weitgehend bestimmend und unverwechselbar für diesen 1. Satz. – Das Gemurmel
in den Streichern und darüber die aufsteigende Linie der Bläser, die auch das
Gemurmel aufsteigen lassen über eine ganze Oktave, um dann wieder am Aus-
gangspunkt – d – anzukommen –. Hier kommt nun der 2. Teil des Themas,
forte, der Ausgewogenheit halber, auch dem Inhalt nach. Denn in diesem 2.
Teil werden die »finsteren« Triolen zum Leuchten gebracht, und zerreißen das

orchestrale Gemurmel-Gewebe. Die Bläser sind kräftig beteiligt. Die Kadenz von 5 Takten auf der Dominanten führt zum 2. Thema, das im ungewöhnlichen D-Dur steht. Es ist ein sehr zartes Thema, ein Frage- und Antwortspiel zwischen

Oboen und Fagotten einerseits und der Flöte andererseits, nur sehr sporadisch untermalt von den Violinen. Dreimal wird gefragt und geantwortet, jedes Mal einen Ton höher. Die Violinen verdrängen durch kurze »seufzende« Phrasen, unter der Abwärtsbewegung der Oboen, die Flöten. So findet man nach d-moll zurück. Von neuem Gemurmel, auf- und absteigende Linien, forte und piano, eine große Geschichte in immer wiederkehrender Phrase um das Ende des 1. Tutti. Das Ende selbst ist eine freundliche, schöne Phrase aus drei Fragmenten, die ruhig auf und ab rollen, sozusagen zur Beruhigung nach den letzten doch recht turbulenten Takten, und zum Klaviereinsatz führen. Nicht einfach nach diesem furiosen Tutti. Wie schon öfter beginnt das Klavier mit einem eigenen Thema, dem Abschluß des ersten Tutti nicht ganz unähnlich, aber ausgeprägter

und prägnanter ein Thema mit Abschluß. Daran schließt sich wieder das orchestrale Gemurmel, das das Klavier nach 4 Takten aufnimmt und variiert. Es übernimmt dann auch zuerst das »Vorspiel«, die Kadenz auf der Dominante, zum 2. Thema, das Orchester wiederholt. Das 2. Thema wiederum in D-Dur. Das beeinträchtigt, wie schon vorne angedeutet, die tonartlich bestimmende Kraft, die wohl ein Thema am Ende der Soloexposition haben sollte, daher wird gleich ein weiteres Thema folgen. Zunächst sind Frage und Antwort zwischen Oboe und Fagott und diesmal dem Klavier auszuhandeln. Ein kurzer Übergang führt dann aber zum 3. Thema, ein sehr einprägsames, singendes Thema wird vom Klavier angestimmt, von den Streichern umspielt, und von den Bläsern wiederholt, wobei die Oboen das Thema tragen und Fagotte und Flöte umspielen, und das Klavier

fügt eine absteigende Tonleiter hinzu, endend auf F-Dur, was die Atmosphäre aufhellt, ohne nun leicht zu werden. Die folgenden 30 Takte des Solos sind voller Passion und Energie, mit Tonleitern, Arpeggien, Oktaven. Diese Passage ist bei weitem länger als sonst üblich, als Endteil des 1. Solos, ist aber nicht als grundlose Zurschaustellung der Geschicklichkeit des Solisten zu sehen, sondern das Klavier vervollständigt mit seinen Mitteln die Aufgaben, die das Orchester begann. Danach allerdings hat letzteres einen gewissen Nachholbedarf, den es zu Beginn der nun folgenden Durchführung mit dem 2. Teil des 1. Themas auch befriedigen kann, schaltet dann aber abrupt um, ohne Einbeziehung des 2. Themas, auf die Abschluß- und Übergangsphrase zum Klaviereinsatz und Thema. Es sieht also zunächst nach verkürzter Wiederholung der Exposition aus, ist aber eine Finte. Diese Art der Durchführungseröffnung ist, außer bei KV 488, einmalig bei Mozart. In der kurzen »Schlacht«, die nun folgt, sind die Rollen zwischen Solo und Orchester gleich verteilt. Das Orchester hält sich an sein »Gemurmel« und das Klavier läßt zweimal sein Thema erklingen, jedes Mal aufs Neue variiert und geschmückt, in F-Dur und in g-moll, dazwischen bringt das Orchester sein Gemurmel. Ein drittes Mal kommt das Solo mit seinem Thema, in Es-Dur, aber nur ganz kurz, dann stürzt es sich in den tiefen Baß und verläßt das Thema gänzlich. Dreimal ergeht es sich in aufregenden Arpeggien in Es-Dur, f-moll, g-moll, teilweise gegenkarikiert von den Triolen des 1. Themas. Das Klavier jagt noch einmal lautstark rechte und linke Hand abwechselnd die Töne rauf und runter, von den Bläsern nur andeutungsweise unterstützt. Mit einem großartigen Abschluß und Überleitung zur Reprise endet die kurze, aber gehaltvolle Durchführung. Die Reprise ist im wesentlichen ein Gemisch aus 1. und 2. Exposition. Allerdings nicht mehr so beladen. Alles ist gesagt, und so ist die Wiederholung etwas leichter in der Tonführung. Das eigentliche Klavierthema kommt überhaupt nicht mehr zu Wort. Das 2. Thema wird ohne Änderung übernommen (Klavier – Fagott – Oboe). Das direkt anschließende 3. Thema aber erscheint in d-moll, und dabei bleibt es dann auch. Die folgende lange solistische Passage ist sehr ähnlich wie in der Exposition, aber die geänderte Tonart bewirkt schon eine andere Aussagekraft. Das Klavier endet auf einem Triller und die Streicher bringen nochmals die eindringlichen ersten Takte des 2. Teils des 1. Themas, und dann folgt die Kadenz. Nach der Kadenz tritt das Klavier nicht mehr auf. Aber es ist nicht nur ein einfacher Abschluß, sondern es sind immerhin 30 Takte, in denen Teile der Exposition, so die lange Passage, die nach der Einführung des 2. Themas (T 44–71) den Hörer faszinierte, zum Tragen kommen.

Der zweite Satz steht in B-Dur (Subd. Paral.). Daß er in Mozarts Werk einen Gegensatz zum 1. bildet, ist unerläßlich. Hier allerdings ist der Kontrast schon sehr groß (zumindest in weiten Teilen). Es ist wie nach einem Gewitter, wenn die Sonne die noch feuchte Natur durchglänzt, und den Himmel wieder aufheitert. Der Satz ist ohne Tempoangabe, aber was ihm »steht« ist Andante, und die Bezeichnung Romanza ist ja wohl auch eine Bezeichnung für einen langsamen Satz. Es ist ein Rondo mit weitläufigen Strophen. Wie in allen Romanzen führt

das Klavier den Satz ein – der Komponist tritt persönlich vor sein Publikum –. Es beginnt mit einem achttaktigen Thema, eigentlich sind es 2 mal 4 Takte, das zweite Mal mit anderem Schluß. Das Orchester wiederholt. Das Klavier bringt 4 neue Takte und hängt noch einmal 4 Takte des 1. Themas an, auch das wiederholt das Orchester, und versieht es mit einem Abschluß. Den Refrain beschließt es mit einer Codetta. Waren die Bläser im Refrain schon nur Beiwerk, so schweigen sie in der 1. Strophe gänzlich. Das Klavier begibt sich unter murmelnden Streichern auf einen langen Weg von der Tonika über die Dominante wieder zur Tonika mit einem weitschweifigen Thema (T. 40–63), versieht es mit einem Abschluß, der zugleich Übergang zum Refrain ist. (Hier habe ich etwas »Geschmack-Geschichtliches« entdeckt. Girdlestone schreibt in einer Fußnote, daß man sich den Klavierteil dieser 1. Strophe nur als »Gerippe« vorstellen möge, und der Pianist da schon gefordert sei zu umspielen, gibt auch Beispiele. Ich habe Clara Haskil (zweimal), Julius Katchen, Monique de la Bruchollerie und den »jungen« Justus Frantz zum Vergleich, keiner umspielt, alle halten sich strikt an die Noten – Zeitgeschmack?!) Es folgt eine Kurzfassung des Refrains, nur je 2 mal 4 Takte Hauptthema. Die 2. Strophe beginnt mit einem Donnerschlag in g-moll, sie steht in völligem Kontrast zum Beginn des Satzes. Schon die Tonart

g-moll, aber vor allem Lautstärke und Vehemenz lassen den ganzen »Frieden« in nichts zerrinnen. Andante wird zu Presto, piano zu forte! Quasi um den Sturm zu unterstreichen, fallen nur die Bläser (Vents! auf französisch) und keine beschwichtigenden Streicher mit ein in dieses Furiosum mit teilweise »gekreuzten« Händen. Diese 2. Strophe besteht aus 2 Teilen, wenn auch sehr ähnlichen. Der 1. Teil wie gesagt beginnt in g-moll, steht in der ersten Wiederholungsklammer, der 2. beginnt in B-Dur, und wenn er thematisch wieder den 1. Teil bringt (ab T. 100), fällt er nach g-moll zurück. Auch dieser 2. Teil (eigentlich 2+1) wird wiederholt. Mozart ist nie sehr ausdauernd (verläßlich?) in seinen Stimmungen, aber hier sitzen wir mitten im furiosen 1. Satz! Ein lange ziemlich solistische Rückführung über Dominante von g-moll wiederum nach B-Dur beinhalten die Takte 108–118. Das Orchester bestimmt eigentlich nur den Rhythmus, während das Solo die Tastatur hinauf- und herabrast, sich dann langsam beruhigt, aus 16teln werden 8tel, aus Triolen einfache 8tel, langsam ist das »Pferd« wieder unter Kontrolle! Der Refrain beginnt im Solo mit 2 mal 4 T. + 1 mal 4 T. + 1 mal 4 T. d. 1. Teils, das Orchester wiederholt nur die letzten 1 mal 4 + 1 mal 4 Takte. Eine Codetta sehr ähnlich, aber mit Klavier, wie vor der 1. Strophe (T 32–35) beschließt den Refrain, und eine Coda eingeführt von den Bläsern allein 4 Takte, dann auch vom Solo und ganzem Orchester, läßt den Satz so sanft ausklingen, wie er begann. Ein außergewöhnlicher, auch bei Mozart in diesem Kontrast einmaliger 2. Satz ist zu Ende.

Der dritte Satz steht, im Prinzip, wieder in d-moll, und er hat in etwa die Form einer Rondo-Sonate, mit allen Außerordentlichkeiten, wie wir sie nun schon gewohnt sind. In den ersten 15 Takten führt das Klavier das Refrainthema ein, um dann bis zur 1. Strophe zu schweigen.

Das Orchester nimmt das Thema auf, aber eigentlich nur die ersten 4 Takte, dann wird es schon sehr frei und zerstückelt. Eigentlich bleibt nur die 1. Phrase, die über die einzelnen Instrumente verteilt, immer wieder auftaucht. Es wird kurz nach F-Dur (par. Dur) moduliert, und wieder zurück. Es entsteht dann (ab T. 81) ein richtiges 8tel-Gemurmel in den Streichern, von den Bläsern mit aufsteigendem Ton übertönt. Vor der Codetta gibt es noch einmal eine großschrittige Passage in den 1. Violinen, und dann beendet wie gesagt die Codetta den Refrain oder wohl besser den 1. Teil der Exposition, den orchestralen sozusagen! Der solistische Teil der Exposition ist zugleich, vom Rondo her gesehen, die 1. Strophe. Das Klavier führt ein neues Thema ein, das hat aber kaum seine 8 Takte erreicht,

schon drängt das Refrainthema wieder dazwischen, quasi als Ersatz für die sonst übliche Wiederholung des Themas. Der Abschluß führt nach F-Dur. Aber noch ist Dur nicht so richtig angesagt, und so wird vom Klavier ein weiteres Thema in f-moll »nackt« in den Raum gestellt, und von den Bläsern wiederholt, vom Klavier

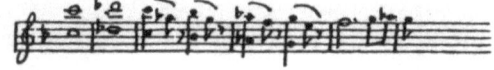

untermalt und ausgeschmückt, und schon vergessen. Es taucht nur noch einmal, ebenso kurz, in der 3. Strophe auf. Einige virtuose, relativ solistische Takte führen wieder nach F-Dur und zu weiterem nicht sehr effizientem »Geplauder« bis T. 139. Nun führen ausnahmsweise die Bläser ein neues Thema ein, noch immer in F-Dur, ein sehr ausdrucksvolles und melodisches Thema, dem Vorangegangenen

weit überlegen in seiner Musikalität. Das Klavier wiederholt es ohne Änderungen und fügt eine kurze Passage hinzu, die zum Abschluß der 1. Strophe führt. Ohne großen Übergang folgt der Refrain, wie zu Beginn erst Klavier, dann Orchester leicht zerstückelt. Das Orchester moduliert den Abschluß nach a-moll (Dom. Par.), und da bleibt auch die nun beginnende 2. Strophe – hier eher die Durchführung –, sie beginnt mit dem gleichen Thema wie die 1. Strophe, also auch von daher schon Durchführungsstil. Daran schließen sich die ersten 4 Takte des Refrains. Diese werden nun von Flöte und Fagotten aufgenommen, sich gegenseitig zugespielt, vom Klavier kräftig unterstützt, über einige Tonarten und viele Takte (211–229) endend in g-moll (Subd.). In g-moll bringt das Klavier nun nochmals das Thema, ohne Refrain-Anhänger, Flöte, Oboen, Fagotte und Klavier zerpflücken auch dieses völlig. Dann kommt die Flöte mit einer wenig einprägsamen, unbedeutenden Phrase, die sich aber über viele Takte wunderbar als Spielball zwischen Flöte, Oboen und Klavier eignet, wozu die Fagotte so ihre eigenen Töne blasen. Es wird nach d-moll moduliert, und ein eher solistischer Abschluß läßt eigentlich den Refrain erwarten, statt dessen aber kommt die 3. Strophe, oder Reprise. Sie befaßt sich mit zwei der vorgekommenen Themen, dem »nackten« und dem ausdrucksvollen. Das Klavier beginnt, die Bläser wiederholen mit gleichem Abschluß wie in der 1. Strophe, nur eben jetzt in d-moll, und nicht so lang ausgewalzt. Es folgt sehr schnell das ausdrucksvolle – Bläserthema –, auch in d-moll, wo es naturgemäß einen sehr viel melancholischeren Ausdruck bekommt, auch hier von den Bläsern eingeführt und vom Klavier wiederholt. Daran schließt sich ein etwas ausgedehnter Abschluß, dessen Ende wie das Ende des 1. Tutti verläuft. Nun kommt nicht etwa der Refrain, sondern erst mal die Kadenz. Danach kommt tatsächlich der Refrain, allerdings nur die ersten 8 Takte im Klavier, dann ein plötzlicher Abschluß, ein halber Takt Stille, und dann bringen, in D-Dur!, Oboen und Fagotte, von den Hörnern untermalt, noch einmal das Bläserthema, das Klavier wiederholt. Es bleibt bei Dur für den Rest des Satzes, und das ist mehr als nur ein Abschluß. Das Orchester entsinnt sich seiner 8tel-Passage aus dem 1. Tutti (T. 33–51) und bringt sie hier lautstark und in D-Dur nochmals zu Gehör, unterbrochen und beendet von einer Art Gegendarstellung, oder Gegenrede des Solos. Über Bassi Alberti des Klaviers spielen die Holzbläser ein etwas abgeändertes Bläserthema, am Ende mit einer »Fanfare« der Blechbläser (und Pauken) vervollständigt. Wiederholt, schließlich nur noch die »Fanfare« in allen Bläsern abwechselnd, kanonartig, alles piano, endend in einem orchestralen Forte Abschluß. – Eine Rondo-Sonate mit vielen Eigenwilligkeiten, einem großen Maß an Gleichberechtigung zwischen Solo und Orchester mit sehr eingehendem Themenmaterial und wunderbarer Musikalität.

Klavierkonzert Nr. 17, KV 467, C-Dur

Allegro maestoso, Andante, Allegro vivace assai
<u>Orchester:</u>   Quartett, Flöte, 2 Oboen, 2 Fagotte, 2 Hörner, 2 Trompeten,
            2 Pauken

Dieses Konzert ist vier Wochen nach KV 466 entstanden, am 9.3.1785 anläßlich einer Akademie in Wien. Es ist von ganz anderer Art. Herrschen dort Leidenschaft und große seelische Stürme, so kommt KV 467 ruhig und majestätisch daher (von der Tonart schon beeinflußt), öfter erleben wir bei Mozart, daß aufeinander folgende Werke gleicher Art solche verschiedene Aussagekraft haben. Ein Zeichen seines beweglichen Naturells, kurz aufeinander von einem Extrem ins andere zu fallen.

<u>Der erste Satz</u> ist überschrieben »maestoso«, eine Auskunft, die befolgt sein und nicht in »brillant« umgemünzt werden will. Das 1. Thema, 12 Takte, <u>ist</u> maestoso!

Ein Marsch, wie viele erste Themen in dieser Zeit, aber ein Marsch auf Zehenspitzen, leisen Sohlen, selbst bei Eintritt der gesamten Bläserschaft, die Streicher unterbrechend, bleibt es bei piano. Also fast ein komödiantisches Thema? Erwartet man einen »Geist«-Auftritt? Aber dieser Eindruck ist schnell korrigiert, denn dem piano folgt forte, und mit allen Kräften nimmt das Orchester das Thema wieder auf, moduliert ganz kurz nach a-moll, c-moll, G-Dur und zurück nach C-Dur. Die Erwartung eines neuen Themas, eines 2. Themas wird enttäuscht, es folgt nur ein sogenanntes »falsches« 2. Thema, ein Gedanke eigentlich nur, der keinerlei Rolle spielt im Satz, und auch nur von den Bläsern kurz intoniert wird.

Hiernach sollte dann eigentlich ein Abschluß kommen und der Eintritt des Solos. Nicht so in diesem Satz. Es folgt wiederum das 1. Thema, zunächst kanonartig in den Streichern, piano, sodann im ganzen Orchester, forte, und wieder unterteilt nach Bläsern und Streichern, mal forte, mal piano. Beim dritten Mal ist das Thema auf den ersten Teil reduziert, vom ganzen Orchester wiederholt, landend auf der Kadenz, nun doch sehr abrupt, und ohne die elegante Einladung der Bläser hintereinander mit einer schönen Phrase, würde das Klavier mit der Tür ins Haus gefallen sein (T. 68–74), sehr mozartsche Takte. Die ersten Takte des Solos sind noch ganz in dieser Stimmung befangen, mit einer kleinen Coloratur, die nichts zu tun hat mit der Bodenständigkeit des Tutti. Bläser und Streicher untermalen nur leicht. Über dem Triller vom Klavier beginnen die Streicher wieder mit dem 1. Thema, das Klavier fällt mit dem 2. Teil des Themas ein, Streicher wiederholen den 2. Teil, während das Klavier einen Kontrapunkt darüber spielt (T. 80–91). Anstelle der Verarbeitung des 1. Themas wie zu Beginn, bringt das Klavier ganz allein ein schlängeliges Motiv in drei »Teilchen« (T. 91–94). Diese schmeichelnde Melodie verschmilzt mit einer virtuosen Passage, die nach G-Dur geht. Zwei Takte des Tutti festigen die neue Tonart, und das Klavier bringt sein eigenes Thema.

Ganz andere Musik, aggressiv und elegisch zugleich in g-moll. Schmerz und Heftigkeit sind Stilmittel der Saison, Mozart verwirft sie rasch mit dem 2. Teil des Themas voll sonniger Sorglosigkeit (T. 128 ff.).

Wir erinnern uns, daß das Solo zu Beginn und in Folge vermieden hat den 1. Teil des »Marschthemas« auszusprechen und sich vom Orchester ferngehalten hat. Hier nun skizziert das Klavier das Marschfragment, wenn auch imitierend. Die Streicher greifen es auf, während das Klavier Oktaven dagegen hält. Aber die Erinnerung an die Exposition ist nur momentan, und die Imitation der Streicher unter den Schlägen des Klaviers transformiert sich zu einer großartigen virtuosen Passage, umfassend und sehr kraftvoll, wie noch in keinem der Konzerte. Der Marsch bleibt uns mit seinem Phantom der ersten Noten im Orchester erhalten, darüber oder auch darum herum bewegt sich das Solo in dicksten Arpeggien, mit denen Mozart je seine Solisten dressiert hat. Eine glänzende Passage (T. 148–162).

Der Abschluß ist sozusagen der Schluß- und Glanzpunkt mit vier massiven Akkorden, in welche der Pianist all seine Kraft zu geben hat. Dann nach wenigen zarteren Takten des Atemholens, über einem Triller, beginnt das Feuerwerk von Arpeggien von neuem, fast solistisch und sehr kunstvoll (T. 169–193). Nach dieser solistischen Passage muß ja aus Gleichgewichtsgründen auch das Orchester wieder einmal drankommen, was liegt näher als das 1. und einzige Marschthema mal wieder anzuspielen. Mehr als anspielen wird es allerdings nicht, moduliert nach Es-Dur, folgt der Abschluß des 1. Tutti, auch noch kurz nach h-moll, nur im Orchester. Daran schließt sich nun die Durchführung (T. 222), die im Klavier mit einer neuen Phrase beginnt.

Es ähnelt dem voraufgegangenen Konzert an dieser Stelle, besonders die Antworten der Streicher auf die Ausrufe des Klaviers. Die Bläser übernehmen die Antworten der Streicher, während das Klavier Verzierungen dazu spielt. Das Thema völlig verlassend, engagieren sich Klavier und Bläser für ein kleines Motiv, dabei neue Tonarten durchschreitend, methodisch von Subdominante zu Subdominante, dreimal je 4 Takte, dann das Ganze noch zweimal verkürzt auf 2 Takte (T. 237–252). Auf Es-Dur gelandet, folgt eine sehr ruhige Passage mit langem chromatischem Aufsteigen. Mit letztem Elan zur Dominante in der linken Hand, rechts absteigend bis zur Tonika, ist die Durchführung beendet. Diese Rückkehr zur Tonika, wie weite Teile des ganzen Satzes, sind von unüblichem Umfang, wie wir es erst wieder in KV 503 erleben werden, der eine ähnliche Struktur hat. – Die Reprise ist in den ersten 19 Takten eine wörtliche Wiederholung des Satzanfangs. Dann wird, unüblich nach der Durchführung, nach F-Dur moduliert, und dabei bleibt es auch in den folgenden Takten, in denen die Violinen das Thema wieder aufnehmen, und dazu folgt sogleich das Klavier mit einer Marschthemen-Imitation. Nach solistischem Übergang folgt das 2. Klavierthema, das ausdrucksvollere, nun aber in C-Dur, es unterscheidet sich vom ersten Auftreten nur durch wenige Details der Orchestrierung. Gefolgt, verfolgt, auch wie in der Exposition, vom 1. Thema, diesmal zuerst im Klavier, aber wieder nur die ersten 2 Takte und dann Phantasien, darunter ebenfalls nur die zwei Takte kanonartig Violinen, dann Violen und Bässe, die Bläser nur sehr obenhin dabei. Schließlich ist es nur noch ein Takt im Kanon unter Arpeggien des Klaviers mit Abschluß. Das »falsche« 2. Thema ist eigentlich nur für die Bläser, bei diesem seinem zweiten und letzten Auftreten bemächtigt sich das Klavier zwar seiner, aber nur um es zu beenden. Nun aber beginnt noch einmal eine lange solistische Abhandlung, es ist eher solistische Spielerei, als Abhandlung irgendeines gegebenen Themas, ein Solistenrausch! Nur sehr sparsam von den Streichern, gegen Ende intensiver von den Bläsern begleitet. Endend mit einem Triller nach C, und dann hat das Orchester endlich wieder Gelegenheit, sein Thema vorzubringen, allerdings auch nur als Abschluß der Reprise, gefolgt von Kadenz und Coda. Das Klavierthema wird möglichst nur vom Klavier benutzt, das allgegenwärtige 1. Thema hingegen wird vom Klavier gemieden bis zur Perfektion. In allen Konzerten sind die Themen zum Orchester oder Solo zugeordnet, aber noch in keinem wird die Teilung so weit getrieben wie in diesem. Das 1. Thema ist allgegenwärtig, das Klavierthema eher uninteressant, trotzdem schafft es das Solo, durch große virtuose Partien, doch eine sehr herausragende Rolle zu spielen.

Der zweite Satz steht wie üblich in der Subdominante in F-Dur. Dieses Andante gehört noch, und als letztes, in seinem »Gehabe« zu der Familie der »träumerischen Andanti«, diesen herrlichen Sätzen, deren es in diesen Jahren viele gab. In seiner Form ist es anders. Man kann es in kein vorgegebenes Schema pressen. Girdlestone spricht von einer »Cantilene des Klaviers mit einem Praeludium des Orchesters«, so etwa sieht es aus, aber doch auch wieder nicht! Nach diesem Praeludium mit zauberhaft singenden Geigen und einem sehr schönen Zusammenspiel von Streichern und Bläsern in 22 Takten, gibt das dann eintretende Klavier das Heft nicht mehr aus der Hand (genauer gesagt schweigt es von den restlichen 82 Takten ganze 3 Takte!). Was aber nicht unbedingt heißt, daß dieses eine solistische Vorstellung wird. Bläser und Streicher sind allgegenwärtig mit Pizzicati und Unterstützungen jeglicher Art, so daß das Ganze durchaus orchestral mit pianistischer Vorherrschaft genannt werden könnte. Dieses eigentlich unauffällige großartige Zusammenspiel aller macht vielleicht überhaupt zunächst die Faszination dieses Satzes aus, ehe man in die dann auch sehr eigenwilligen Details geht. Man kann, glaube ich, den Satz in drei Teile teilen, in welchen jeweils nahezu die gleichen Phrasen bearbeitet werden. Der erste Teil wird vom Tutti bestritten, eben das Praeludium, das vier, Themen kann man kaum sagen, Phrasen, aber sehr prägnanter Art, vorstellt.

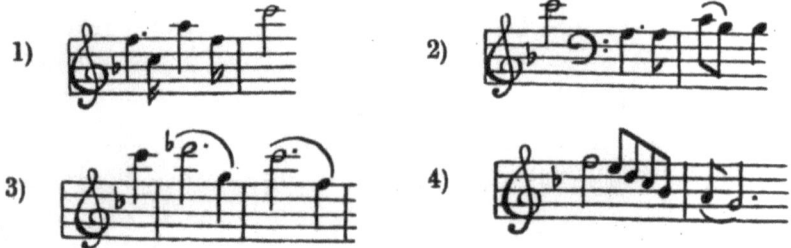

Im Prinzip in F-Dur, nur die dritte Phrase weicht schon mal nach f-moll ab. Die Bläser bilden einen Abschluß. Der zweite Teil bringt natürlich vor allem den Soloeinsatz mit den gleichen vier Phrasen, unwesentlich ausgeschmückt. Nur schiebt sich zwischen Phrase zwei und drei ein klaviereigenes Thema von

9 Takten, das aber sehr freundschaftlich von den Streichern untermalt wird, und das nun auch den Beginn eines reichen Tonartenwechsels »einläutet«. Es steht bereits in d-moll – dem parallelen moll zu F-Dur. Es erscheint aber nur dieses eine einzige Mal, auch nicht mehr in Ansätzen! Besonders eindrucksvoll ist es auch nicht! Danach folgt Phrase Nummer drei, ihrerseits nach c-moll moduliert, und auch ein bißchen ausgeschmückt. Die vierte Phrase erscheint dann sehr schön singend, hierbei singen auch die Streicher wieder und bei der Wiederholung auch die Bläser, nun in C-Dur, der Dominanten von F-Dur. Es folgt eine kurze Überleitung nach g-moll, Subd. Paral. von F – ohne Klavier – und d-moll, paral. moll von F – mit Klavier –, nach B-Dur, Subd. von F, – dieses nur um anzuzeigen, daß Mozart sich meist in irgendwelchen »Verwandtschaftsgraden« tonartlicher Art bewegt, und dieses herauszufinden eben auch sehr interessant ist! Mit einer neuerlichen Phrase des Klaviers, die aber, wie die erste, nur dieses eine Mal in Erscheinung tritt, und kürzer ist,

geht es weiter. Nahtlos schließt sich daran nochmals die dritte Phrase, diesmal aufgeteilt zwischen Solo und Tutti, und vom Solo, wie schon bei der ersten Wiederholung, leicht ausgeschmückt, und zwar in g-moll und f-moll. Dieses führt zum dritten Teil des Satzes, und damit wieder zur ersten Phrase und zwar in As-Dur (was eigentlich nur im Zusammenhang zum letzten verständlich ist, das war f-moll, und As-Dur ist das parrallele Dur dazu). Es schließt sich Phrase zwei, nach b-moll versetzt, an, nur zwei Takte, dann geht es nach C-Dur, um dann in der gleich folgenden dritten Phrase wieder nach f-moll zu modulieren. Die vierte Phrase, die »singende«, diesmal ohne Streicher, steht in F-Dur, wo wir nun auch endlich bleiben. Es schließt sich nochmals die zweite Phrase an, endend auf einem Triller im Klavier. Die kurze Coda, auch mit Klavier, die im pianissiomo endet, läßt den Satz quasi verschwinden. Ein wunderschöner und wundersamer Satz mit reicher Modulation quer durch die Verwandtschaftsgrade, der ein richtiger »Ohrwurm« werden kann!

Der dritte Satz steht, wie der erste, in C-Dur, und ist wieder eine Rondo-Sonate. Nach den zwei großen, und – oder wichtigen Sätzen ist dieser dritte nicht mehr so groß und wichtig ausgefallen, es gibt interessantere dritte Sätze. Natürlich ist er schön, und ohne die zwei besonderen Sätze davor wären wir sicher sehr zufrieden, aber so ist er eben nur fröhlich und unbeschwert.

Der Refrain hat ein wichtiges und lustiges und immer anwesendes Kontre-

tanzthema und noch ein zweites und ein dem ersten verwandtes drittes Thema. Das Orchester beginnt mit dem 1. Thema, wiederholt es und gibt ihm einen Abschluß, das Klavier greift es kurz auf. Die Bläser bringen das 2. Thema von den Streichern untermalt, und gleich folgend das 3. Thema mit Abschluß. Das Solo wirft eine kurze eigene Phrase dazwischen, und schon kommt nochmals das 1. Thema Violinen – Oboe/Fagott – Klavier – mit solistischem Ausklang. Daran schließt sich die 1. Strophe (B). Das 1. Thema wird von den Bläsern intoniert, vom Klavier wiederholt, von den Streichern untermalt, und für eine Weile solistisch weitergesponnen und nach G-Dur moduliert. Das 2. Thema bringt zunächst das Klavier, und die Bläser wiederholen unter beifälliger Hilfe des Klaviers. Und das war dann auch schon die 1. Strophe. Es folgt der Refrain, diesmal beginnt das Klavier, und die Streicher wiederholen mit Mitsprache der Bläser, und vom Klavier etwas verlängert, das dann auch das 3. Thema kurz anspielt, und über einem Arpeggio des Klaviers bringen die Bläser die zweiten 4 Takte des 2. Themas und die Streicher den ersten Teil des Themas mit Abschluß. Nun kommt die 2. Strophe, Teil C, die Durchführung, beginnend mit dem ganzen Orchester und den ersten Takten des Refrainthemas, kanonartig innerhalb der Streicher. Das Klavier bringt es noch einmal ganz, und damit beginnt der interessanteste Teil des Satzes. Klavier und Bläser werfen sich gegenseitig Fragmente des Themas zu, modulieren auch ein wenig, mal ist es nur die rechte Hand gegen die Bläser und mal die linke nur gegen Oboe und Fagott. Ein köstliches Spiel über viele Takte. Daran schließt sich ganz normal wieder der Refrain. Die Streicher beginnen kanonartig mit den ersten Takten, aber dann greift das Klavier es auf, gut gepolstert vom Orchester, endend mit dem 2. Teil des 2. Themas in den Streichern, das Klavier wirft seine kurze Phrase dazwischen und macht einen solistischen Abschluß. Es folgt die 3. Strophe, Teil D, die Reprise, und zwar der 1. Strophe. Diesmal umgekehrt das 1. Thema im Klavier von den

Bläsern wiederholt, eine längere solistische Passage schließt sich an, das 2. Thema ebenfalls im Klavier und von den Bläsern wiederholt mit einem Abschluß vor der Kadenz. Eine kurze Coda, noch mal mit dem Refrainthema, vom Klavier intoniert, beschließt beschwingt und fröhlich den Satz.

Klavierkonzert Nr. 18, KV 482, Es-Dur

Allegro, Andante, Allegro
Orchester: Quartett, Flöte, 2 Klarinetten, 2 Fagotte, 2 Hörner,
              2 Trompeten, 2 Pauken

Dieses Konzert ist im Winter 1785 entstanden und wurde am 16.12. in Wien in einer Akademie vorgestellt. Es ist nicht so einzigartig wie die beiden voraufgegangenen, es knüpft eher an Davorliegendes an. Es bildet vielleicht das gelungene Endglied einer Kette von Werken mit ähnlichem Inhalt oder Gehalt. Girdlestone nennt es den »idealen Gesang«, er hält es für den besten Beweis, daß Mozart das gemacht hat, was alle machten, aber eben besser! Ein Konzert für alle sympathisch, voller Lebensart, aber eher anspruchslos. Es mag sein, da in dieser Zeit auch schon erste geldliche Schwierigkeiten auftreten, daß Mozart, nachdem er sich in seinen letzten Werken (nicht nur Klavierkonzerten) etwas zu sehr von seinen damaligen Zuhörern abgehoben hatte, hiermit versuchte, sein ihm »entschlüpfendes« Publikum wiederzugewinnen. Das Konzert ist von großer Virtuosität, es bietet dem Solisten reichlich Gelegenheit, sich zu produzieren. Es ist auch von großer Heiterkeit, aber nicht von großer Tiefe. Es gibt keine neuen Aussagen, aber wohl erwachsener gewordene. Es ist natürlich auch reicher orchestriert als die früheren gleicher Manier. Hier finden wir übrigens erstmalig die Klarinette, die die Oboe ersetzt.

Der erste Satz ist in seinem Beginn vielen andern Werken in Es-Dur verwandt. Das 1. Thema besteht aus zwei Teilen, einer rhythmischen »Attacke« und einer

leichten, sanften, singenden Antwort. Das ganze Orchester bringt den rhythmischen Teil (3 Takte), und die Fagotte antworten leicht und tänzerisch. Bei der Wiederholung singen die Geigen die Antwort, von den Klarinetten unterstützt. Hieran schließt sich eine Passage über eine kleine Phrase, die zunächst die Flöte intoniert, die aber nacheinander Klarinette und Fagott aufnehmen. Die Hörner bringen sozusagen den Abgesang dazu, alles von den Streichern

reich ornamentiert. Auch diese Passage wird wiederholt. Ein gewisser Abschluß und Übergang, reich orchestriert, folgt, und die Bläser bereiten ein neues Thema vor. Flöte, Horn und Geigen stellen es vor, von den anderen unterstützt, aber es erweist sich als »falsches« 2. Thema (es kommt in der Exposition des Klaviers

nicht vor!). Eigentlich schade, denn es ist ein reizendes kleines Thema. Eine reiche Passage über auf- und absteigende Bässe schließt sich an und die 1. Exposition ab. Mit noch einer kleinen Phrase, die quasi alles Gesagte in sich vereint, lädt das Orchester das Solo zu seinem ersten Auftritt ein. Das Klavier praeludiert

zunächst 18 Takte allein, singend und graziös. Das Orchester bringt sodann das 1. Thema, wie im Anfang gibt zunächst das Fagott die Antwort, wird aber auf das Reizendste vom Klavier unterstützt. Die Wiederholung verläuft genauso wie in der 1. Exposition, nur daß auch hier das Klavier etwas weniger einfallsreich untermalt. Statt der kleinen hübschen Passage aus der 1. Exposition, folgt hier eine solistische Passage, nur wenig von den Streichern unterstützt, die zur Dominante B-Dur führt, zwei Streichertakte leiten zum klaviereigenen Thema über, das allerdings nun in b-moll steht.

Mit wilder Explosion und von düsterer Stimmung erscheint es ungestüm, klingt etwas ruhiger aus, und ward nicht mehr gesehen! Allerdings bleibt das b-moll noch eine Weile erhalten, in einer eher solistischen Passage von Flöte und Fagott gut gestützt. B-moll klingt aus, und es folgt ein 2. Klavierthema, das eine sehr viel wichtigere Stellung als in anderen Konzerten hat. Zum einen erscheint es in der Grundtonart – Es-Dur –, und zum anderen ist es lang und wird ausführlich abgehandelt. Das Solo stellt es vor, und anstatt die Wiederholung dem Orchester zu überlassen, spielt es sie selbst unter Mitwirkung des Orchesters. Es schließt sich daran eine relativ lange Passage solistischer Geschwätzigkeit, ohne große Neuerungen oder interessante Aspekte. Das Ende der Exposition und der Beginn der Durchführung verbinden sich in den letzten 18 Takten der 1. Exposition, nach B-Dur moduliert, an deren Ende das Klavier die allerletzte kleine Phrase, nach b-moll geführt, wiederholt. Das Solo bestreitet die Durchführung ziemlich selbstherrlich, nur abwechselnd und sporadisch von Streichern oder Bläsern untermalt, phantasierend in verschiedenen Tonarten. Kurze Anklänge an das 2. Klavierthema, nach As-Dur wechselnd, werden hörbar. Es ist eigentlich ein Rückschritt zur »Durchführungsphantasie« früherer Jahre. Viele moll-Passagen lassen das c-moll-Andante ankündigen. Der Abschluß ist von Holz- und Blechbläsern unterstützt. Es folgt die Reprise. Diese ist eigentlich das Beste des ganzen Satzes. Bis hierher hatte Mozart niemals eine Reprise – eine Reexposition – so verändert und variiert. Das Klavier ist ausersehen, alles zu »renovieren«. Alles wird nochmals ausführlich behandelt und wunderbar musikalisch bearbeitet. Es ist eine Mischung aus erster und solistischer Exposition, das 1. Thema wie gehabt, beim ersten Mal antwortet das Fagott dem Orchester, beim zweiten Mal werden die Violinen vom Klavier brillant unterstützt. Es folgt die kleine hübsche Phrase, aber hier vom Klavier angestimmt, indem es sowohl die Flöte als auch die Klarinette und das Fagott imitiert, die Wiederholung ist dann »normal«, die Phrasen in den Bläsern vom Klavier reich garniert. Es folgt der Übergang zum sogenannten »falschen« 2. Thema, wozu nun aber auch das Klavier die Vorbereitung und erste Intonisierung übernimmt. Die Wiederholung der ersten 2 Takte mit Bläsern. Den Abschluß wieder allein, etwas verändert und irgendwie absolut, so als wollte es sagen, nun ist aber genug. Nichtsdestotrotz wird es von den Klarinetten und 1. Violinen wiederholt, nur sparsam von Klavier und Flöte untermalt. Flöte, Fagott und Horn intonieren dann noch einmal den 1. Takt, um den sich eigentlich alles dreht. Es ist hier also sehr viel intensiver bearbeitet als in der Exposition. Danach folgt nun noch das 2. Klavierthema, sozusagen hintendran gehängt, und auch seines 2. Teils beraubt. Das Ende dieser Reprise ist wie das der 1. Exposition, auch ohne Klavier, nur daß sich mittig dazwischen die Kadenz setzt. Das Orchester beschließt mit etwas erweitertem Abschluß.

Der zweite Satz steht im parallelen c-moll, und ist, wenn man lange genug hinhört, tatsächlich ein Rondo, zur Tonart gehörig ein ernstes Rondo. Die Streicher beginnen mit dem Refrain, con sordino, einem sehr elegischen und »schauerlichen« Gesang, wobei Gesang schon wörtlich zu nehmen ist. Eine lange Melodie,

in kein Schema passend, schlängelt sich dahin, wiederholt sich in sich über 30 Takte. Den Abschluß bilden 5 Takte forte/piano, die wieder sehr tragisch sind.

Das Solo beginnt ebenfalls mit dem Refrain, aber stark variiert, so daß man schon sehr gut hinhören muß. Das Ganze ist ziemlich solistisch, nur knapp von den Streichern unterstützt, mit sehr ähnlichem Abschluß, ebenfalls 30 Takte lang. Nun folgt die 1. Strophe, sie wird ausschließlich von den Bläsern gebracht, ein Gesang mit 2 Phrasen zu je 8 und 12 Takten, mit jeweils den gleichen 4 Ab-

schlußtakten, eine Art Codetta, die am Schluß des Satzes nochmals als Codetta erklingt. Diese Strophe steht in Es-Dur, den Bläsern verwandt (paral. Dur zu c-moll), so daß nicht nur durch die andere Instrumentierung, sondern auch von der Tonart her, sich das Milieu ändert. Die erste Phrase endet auf der Dominante (B-Dur), und die zweite wieder in Es-Dur. Sehr musikalisch und innerhalb der Instrumentengruppe differenziert, mal ist die eine nur Begleitung der anderen, mal sind sie gleichberechtigt. Gerade 20 Takte ist das ganze lang! Dann folgt wieder der Refrain. Diesmal hat das Klavier die Oberhand, und es ist eher eine Variation des Refrainthemas, unterstützt von den Streichern, die das Thema noch erkennen lassen, wiederum 30 Takte lang. Daran schließt sich die 2. Strophe, sie

steht in C-Dur und ist ein »edler Wettstreit« zwischen Flöte und erstem Fagott mit Streicheruntermalung. Ein Dialog und Frage- und Antwortspiel edelster Art,

nicht mehr von der Symmetrie der 1. Strophe, sondern freier und weiter. Der erneute Refrain wird nun von allen bestritten, das Thema noch freier behandelt. Eigentlich kann man nur noch kurze Passagen des Themas erkennen, die entweder zwischen Tutti und Solo hin und hergehen, oder von den Streichern und Bläsern in Gesang und Gegengesang verarbeitet werden. Es ist ein außerordentliches Zusammenspiel aller mit und aller gegen alle, dafür ist es auch über weit mehr als 30 Takte ausgedehnt. Durch alle diese Aktionen bleibt ein Motiv mit Trillern beständig, mal in den Streichern unter dem Gesang der Bläser, mal im Klavier über einstimmigen Streichern. Zuletzt steigt das Klavier bis zur Tonika, während die Streicher darunter eine Schlängellinie ausführen. Es endet wiederum mit der Abschlußphrase im ganzen Klangkörper. Daran schließt sich eine Coda. Die Streicher beginnen mit einer Anhäufung von Akkorden, über denen sich ein trauriger Gesang der 1. Klarinette und des 1. Fagotts erhebt.

Im Augenblick des Kulminationspunktes erscheint die Flöte darüber in einer eigenen Melodie. Das Klavier wiederholt diesen Gesang unter Mithilfe des Fagotts und der Streicher. Es endet erstaunlicherweise in C-Dur, und man meint nun alles Traurige mit Optimismus überwunden zu haben, aber sofort schließt sich, wieder in moll, aber doch nicht mehr so tragisch, die Schlußphrase an, die wir schon einmal als Codetta in der 1. Strophe hatten. Diesmal intoniert das Klavier und die Bläser wiederholen, das Ganze wiederholt sich und endet mit chromatischem Aufsteigen des Solos, und entschwindet ganz leise.

Dieses Andante ist zweifellos nicht nur der schönste und interessanteste Satz

116

dieses Konzerts, sondern er gehört zu den schönsten und interessantesten langsamen Sätzen Mozarts überhaupt. In seiner Form ist er einmalig – eigentlich eine Fusion aus Rondo und Variation, und im »Gebrauch« aller Beteiligten ein wunderbares Zusammenspiel.

Der dritte Satz ist wieder mal ein Rondo. Der Refrain wird vom Klavier eingeführt, von den Streichern rhythmisch unterstützt.

Die ersten 8 Takte – der 1. Teil des Refrains – fast ein Tanz wie ein Galopp, werden vom Orchester wiederholt. Der 2. Teil wird wiederum vom Klavier vorgestellt

und ausgesponnen, nur von den Bläsern zaghaft untermalt. Dieser Refrainteil kommt im folgenden erst wieder ganz zum Schluß, nach der Kadenz, zu Gehör. Aber der Refrain ist danach noch lange nicht zu Ende. Es folgt nochmals der 1. Teil, etwas verändert, die Wiederholung des Orchesters ist eigentlich eher eine Abschluß- oder Verbindungsphrase geworden. Denn nun bringen die Bläser, insbesondere die Klarinette, eine weitere Phrase ins Spiel, Fagott und Flöte hängen noch eine Miniphrase dran. Beides Phrasen, die im Verlauf des Satzes wieder auftauchen werden.

Endlich Abschluß! Die 1. Strophe beginnt höchst originell, drei Takte lang intonieren die Streicher von p bis pp fünfmal denselben Akkord in die Stille der Erwartung eben dieser 1. Strophe, die dann auch vom Klavier mit einer 1. Phrase

eingeführt wird, von den Streichern zaghaft konterkariert. Dann aber greift das Klavier die Fagottphrase aus dem letzten Teil des Refrains auf, und es beginnt eine reiche solistische Abhandlung darüber, mit Zustimmung der Bläser. Dann folgt noch ein 2. Thema, oder eher eine 2. Phrase, vom Klavier vorgestellt, von Klarinetten und Fagotten wiederholt, woran sich nochmals eine sehr solistische

Abhandlung schließt, in deren Verlauf Mozart einige Takte nur mit »Eckdaten« versehen hat, und dem Pianisten freie Hand läßt, diese auszufüllen. Es folgt nun endlich (immerhin dauert die 1. Strophe von Takt 73–181) der Refrain. In der Wiederholung des Orchesters etwas verändert, moduliert es über moll nach As-Dur, und das Klavier beendet auf langen Trillern von As und Des den Refrain. Eine kleine Kadenz leitet zur 2. Strophe über, es bleibt bei As-Dur (Subd. v. Es-Dur). Diese 2. Strophe ist nun ganz anders, ein Andantino cantabile, eher besinnlich, ein Zwiegespräch zwischen Bläsern auf der einen Seite, und Klavier und Streichern auf der anderen. Keine pianistische Sondertour, sondern richtige Gemeinschaftsarbeit! Die Bläser führen das Thema, auch eher nur eine Phrase, ein. Nur die rechte Hand des Klaviers unisono mit der 1. Violine und die anderen Streicher wiederholen (Mozart unterstreicht hiermit die Orchesterfunktion des Klaviers, er stellt das Klavier ganz in den Dienst des Orchesters). Die Bläser führen eine weitere ähnliche Phrase ein, und Klavier und Orchester, diesmal

beidhändig, aber immer noch unisono mit der 1. Violine wiederholen wiederum. Und schon folgt eine kleine Coda. Eine Spielerei auch wieder, das Klavier bewegt sich staccato und die Streicher pizzicati in Wellen zum Ende und Es-Dur hin, in den Bläsern nur angedeutet. Wiederum eine kurze Kadenz führt den Refrain zurück. Dieser nun folgende Teil ist eine »Reprise« mit Auslassungen. Der reine Refrain – Klavier – Orchester die 2 mal 8 Takte –. Danach, könnte man sagen, beginnt die 3. Strophe, die sich aber aus bereits vorhandenem Material rekrutiert, oder aber man bezeichnet es als Reprise, die sich die besten Stücke zum Wiederholen heranzieht? Wie gesagt, nach den 2 mal 8 Takten bringen erst die Fagotte und dann die Flöte die kurzen Phrasen vom Ende des breiten 1. Refrains. Was dort in einem Abschluß harmlos endet, hat hier Folgen, denn das Klavier greift diese Phrasen auf und spielt sie mächtig aus. Daran schließt sich, das 1. Thema der 1. Strophe auslassend, gleich das 2. Thema. Das Klavier beginnt, hier nun wiederholen Hörner und Fagotte, vom Klavier untermalt, Flöte und Klarinetten umspielen. Das Klavier hat noch einmal einen kleinen solistischen Part und gemeinsam wird zum Ende, zur Kadenz geführt. Nachdem diese beendet ist, und man meint, das Ende des Satzes sei nah, geht alles noch einmal von vorne los. Das Klavier bringt das 1. Thema des Refrains, es bringt nun auch noch einmal den 2. Teil des Themas, Klavier allein und mit Bläsern, die ganze Abhandlung notengetreu. Daran schließt sich nochmals der 1. Refrainteil, Klavier und Orchesterabschluß, keine Wiederholung. Eine Coda läßt die Klarinetten- und auch die Flötenphrase aus dem 1. Refrain nochmals erklingen. Dann aber kommt der richtige Abschluß mit »Fanfare« und letztem Akkord der Streicher und Bläser. Doch in der schon eingetretenen Stille setzt sich dieser Akkord fort! Man könnte meinen, Mozart sei eingefallen, daß er im letzten Teil die 1. Phrase der 1. Strophe vergessen hat, zumindest ist das, was das Klavier jetzt intoniert, zusammen mit den vorangegangenen Akkorden, damit sehr verwandt! So ein bißchen schalkhaft und verschmitzt hat er das nun auch noch untergebracht und kommt nun tatsächlich zum Ende, wie es sich gehört. Ein reizendes spielerisches Rondo beendet ein reizendes spielerisches Konzert.

Klavierkonzert Nr. 19, KV 488, A-Dur

Allegro, Adagio, Allegro assai
<u>Orchester:</u> Quartett, Flöte, 2 Klarinetten, 2 Fagotte, 2 Hörner

Das Konzert ist am 2.3.1786 anläßlich einer Akademie in Wien aufgeführt worden. Es ist sparsamer besetzt, ohne Trompete und Pauke. Es steht in A-Dur, einer Tonart, die Mozart nur selten benutzt hat. Dafür sind es auch alles besondere Werke geworden. Es gibt nur 2 Klavierkonzerte, nämlich dieses und KV 414, drei Kammermusikwerke, und sein letztes, das Konzert für Klarinette KV 622. Eines der beliebtesten aus dieser erlesenen Schar ist mit Sicherheit dieses Klavierkonzert KV 488!

<u>Der erste Satz</u> beginnt in den Streichern mit einem heiteren 1. Thema, piano, mit melancholischen Untertönen.

Die Bläser wiederholen richtig eigentlich nur die ersten 4 Takte, und bringen einen freien Abschluß. Daran schließt sich eine Phrase, forte, die Streicher und Bläser gemeinsam bringen, eine »Zwischenmusik«, die immer wieder erscheinen wird, wenn eben eine »Zwischenmusik« angebracht erscheint, nicht nur jeweils zwischen 1. und 2. Thema, auch zwischen Exposition und Durchführung, und vor der Kadenz. Diese endet in der Dominante. Das 2. Thema, ein eher melancholisches Thema in eben der Dominante, E-Dur, wird von den Streichern eingeführt, und von den Fagotten, und kanonartig von der Flöte, von der 1. Violine unterstrichen, wiederholt, gefolgt von einer kurzen Passage (Takt 46–52) zunächst piano schwankend zwischen Dur und moll und Bläsern und Streichern, dann forte werdend und nach A-Dur führend. Auch diese Phrase werden wir noch öfter erleben. Eine kurze Endphrase beschließt die 1. Exposition. Das Klavier beginnt allein mit dem 1. Thema ziemlich wortgetreu, die Wiederholung, von Streichern leicht unterstützt, ist dann schon etwas variiert. Daran schließt sich die »Zwischenmusik« mit vollem Orchester. Das Klavier bringt kein eigenes

Thema, sondern begnügt sich mit der Ausschmückung dieser »Zwischenmusik«, das aber ziemlich solistisch. Ohne Hast dabei wieder nach E-Dur modulierend, folgt das 2. Thema, zunächst allein, die Wiederholung bestreiten Flöte, Fagotte und 1. Geige im Dialog mit dem Klavier. Daran schließt sich wieder die kurze Passage schwankend zwischen Dur und moll, Hauptakteur ist hier das Klavier, von Bläsern und Streichern umrahmt. Eine etwas längere solistische Passage beschließt diese 2. Exposition, endend auf dem üblichen Triller. Wir haben selten in einem Konzert einen Solopart, der so uneigennützig und frohgemut den vorgegebenen Linien des Tutti folgt. Hieran schließt sich ein Stück »Zwischenmusik«, die wieder zur Tonika führt und zu neuen Ufern. Die nun folgende Durchführung ist im eigentlichen Sinne keine, denn sie bearbeitet nicht die vorhandenen Themen, sondern nimmt sich ein ganz neues Thema! Die Streicher intonieren es, piano, ein dem Sinne und Stil des Satzes sehr verwandtes Thema, nachdenklich

vielleicht, aber doch leicht und ein bißchen träumerisch. Das Klavier, wie nicht anders zu erwarten, wiederholt aber gleich als Variation, endend in E-Dur. Die Bläser nehmen die ersten 2 Takte des Themas wieder auf, in e-moll, Klavier und Streicher folgen, die Bläser wiederholen, diesmal in C-Dur und um die Flöte erweitert, Klavier und Streicher folgen gleichermaßen. Noch ein drittes Mal setzen die Bläser zum Thema an, diesmal in a-moll. Nun hält sich das Klavier eher an das vorgegebene Thema, aufhellend nach F-Dur, und die Streicher folgen. Hieran schließt sich eine sehr schöne Passage, Klarinetten und Flöte bestreiten einen Dialog, kanonartig, über eben diese 2 Takte des Themas und werden von der rechten Hand des Klaviers umspielt. Dreimal spielen die drei Parteien diesen Part jeweils einen Ton tiefer, aber immer in a-moll. Beim vierten Mal wird die Tonfolge ziemlich abrupt abgebrochen, Klavier und Bläser schweigen, und unter dem »Pulsschlag« der Bässe bringen die Streicher ein Fragment des Themas, Klavier und Bläser antworten, das Ganze wiederholt sich, und zum guten Ende bringt das Klavier mit einer kleinen Kadenz wieder Ruhe in die etwas aufgewühlten Gemüter, und beendet die Durchführung. Es folgt die Reprise, Orchester 1. Thema (alle), Klavier die Wiederholung, die »Zwischenmusik«, Klavier wiederholt umspielend. Das 2. Thema bringt nun zuerst das Klavier, hier wiederholen die Bläser, es folgt im Klavier die kurze Passage – Dur-Moll – mit gleichem Abschluß wie in der 1. Exposition. Nun aber, nachdem in der ganzen Durchführung von nichts anderem die Rede war, verständlich, bringt das Klavier noch einmal das Durchführungsthema, und es folgt ein Fragment der Durchführung, wo Klarinetten und diesmal Fagotte, von der rechten Hand des Klaviers umspielt, sich der ersten 2 Takte des Themas annehmen. Das Klavier macht dem ein solistisches Ende, endend mit einem Triller. Das Orchester spielt noch einmal kurz die »Zwischenmusik« an und noch einmal das Durchführungsthema und dann folgt die Kadenz. Das Orchester nimmt den Abschluß der 1. Exposition wieder auf, und beendet den Satz mit einer Codetta. Dieses Allegro ist schon von besonderer Art, auf der einen Seite ist es sehr »regelrecht«, und auch das Klavier ist diesen Regeln weitestgehend unterworfen, auf der anderen Seite ist es mit seinem ganz neuen Durchführungsthema ausgesprochen »unregelrecht«, es ist ganz bieder und ganz verwegen in einem!

Der zweite Satz ist eine dreiteilige Sonate. Er steht im parallelen moll, nämlich fis-moll, und dieses ist der einzige Satz in Mozarts Schaffen in dieser etwas entfernt liegenden Tonart. Es ist nach KV 466 das zweite Mal, daß ein 2. Satz vom Klavier eingeleitet wird. Die Verbindung zum 1. Satz liegt auf der Hand, es ist eigentlich eine Fortsetzung und Vertiefung der eher melancholischen Stimmung. Wir haben einen 6/8tel Rhythmus, den einer Siziliana, einer süditalienischen Pastorale, einem Hirtentanz, eher getragen und ernst.

Das Klavier beginnt mit einem langen Thema, das rhythmisch in zwei Teile geteilt ist, der 1. Teil besteht aus 4 Takten und der 2. Teil asymmetrisch aus 7 Takten.

Das Orchester folgt mit einer neuen empfindsamen Phrase, die eigentlich nur

aus 2 Takten besteht, die, zumindest von den Geigen dreimal wiederholt wird, zweimal piano, einmal forte, jeweils eine Oktave höher. Die Bläser verarbeiten die

2 Takte kanonmäßig, Klarinetten, Fagotte, Flöte, und bringen einen Abschluß. Das Klavier nimmt das Thema ausschmückend auf, doch folgt sehr bald eine neue Phrase, die nach A-Dur führt. Wobei, effektvoll, genau zu dem Zeitpunkt, wo A-Dur erstmalig erscheint, die Streicher ihre Begleitung wieder aufnehmen. Flöte und Klarinetten kommen mit einer neuen Phrase, die vom Klavier über-

nommen wird. Daran schließt sich eine Codetta, wir sind noch immer in A-Dur, die alle drei, Klavier, Bläser und Streicher wieder vereint. Zwei Takte der Bläser bilden den Übergang oder besser die Rückführung zum »traurigen« fis-moll und damit zur Reprise. Das Solo bringt das lange Thema vom Beginn des Satzes, das hier noch einen »Anhänger« als Abschluß erhält. Daran schließt sich die Orchesterphrase, auch hier nimmt das Klavier die Phrase variierend auf, aber im Gegensatz zum Anfang des Satzes, wo es lichter wird, nach A-Dur geht, bleibt es hier bei fis-moll, und wird eher noch tragischer, leidvoller. Flöte und Klarinetten begleiten die rechte Hand des Klaviers, während die linke Hand und die Fagotte einen eigenen Dialog dazu spielen. Die Coda verläuft in trauriger Resignation, wozu die Pizzicati der Streicher eigentlich nicht so recht passen wollen. Ganz zum Schluß bringt die Flöte noch dreimal hintereinander die zweitaktige Phrase, die das Orchester zu Beginn eingeführt hatte, das Klavier gibt seine Antworten dazu, die Streicher untermalen, und dann entschwindet der Satz pianissimo.

Dieses ist das letzte Andante (Adagio) in moll eines Konzertes, was Mozart komponiert hat. Und es ist vielleicht das, wo Leidenschaft und Musikform am großartigsten miteinander verschmolzen sind. Auch das Zusammenspiel von Solist, Bläsern und Streichern ist besonders innig und genial. Jeder spricht mit jedem und Themen und Phrasen werden untereinander ausgetauscht. Ein schöner Satz, vielleicht ein in gewisser Weise einmaliger Satz, ein kurzer Satz, ganze 99 Takte lang!

Der dritte Satz ist wieder ein Rondo, und er bildet einen deutlichen Gegensatz zum 1. und 2. Satz. Schon wie er wie im Sturm die Sicilienne hinausfegt, und den Hörer wieder »ins Leben zurückholt«, ist sehr eindrucksvoll. Das Rondo ist voller überschwenglicher Lebensfreude und voller Aktivitäten. Die Themen und Phrasen sprudeln nur so daher, und bringen auch die »gewöhnliche« Rondoform ein bißchen durcheinander. Das Klavier beginnt mit dem Refrain, 2 mal 4 Takte, das Orchester wiederholt und bekommt noch einen kleinen Nachsatz, 4 Takte

Streicher 4 Takte Bläser und die Wiederholung. Als »Trostpflaster«, daß wiederum das Klavier hat beginnen dürfen, hat das Orchester jetzt noch einmal 30 Takte, in denen es locker Phrase an Phrase setzt, alle nicht sehr bedeutend, und sie kommen auch nur in der großen Schlußphase nochmals zu Gehör, also keines, das den Satz begleitet. Aber doch »füllen« sie den Refrain, den wichtigsten Teil des Rondos, machen ihn rein volumenmäßig schwerwiegender! Daran schließt sich nun die 1. Strophe, die den Schwung des Refrains etwas dämpft. Wiederum

beginnt das Klavier, 8 Takte, die ersten 4 wiederholen die Bläser (Klarinetten/Hörner), die zweiten 4 Takte variiert das Klavier mit sparsamen Streichern. Nach E-Dur gehend, wird noch ein bißchen weiter phantasiert, sehr lebhaft in der rechten Hand. Einen 3/4tel-Takt lang herrscht plötzlich totale Ruhe, richtig spürbar nach dem »Redefluß«, und die Flöten und Fagotte bringen ein neues Thema in e-moll, von den Streichern voll unterstützt, zweimal 4 Takte. Das Klavier wie-

derholt leicht variierend, beendet e-moll und kehrt zu E-Dur zurück. Es folgt ein langes Solo, wobei Streicher und Bläser abwechselnd teilnehmen. Ein Triller (T. 170) scheint den solistischen Ausflug zu beenden, aber es scheint eben nur so. Es entsteht eine neue Phrase, vom Klavier begonnen, von den Hörnern mit einem »langen« G gestützt, von den anderen Bläsern wiederholt, wozu das Klavier schon wieder einen neuen Gedanken bringt, was dann zum Ende der 1. Strophe führt. Die Streicher haben in den letzten Takten nur schwache Begleitfunktion und keinerlei Eigenständigkeit.

Der Refrain folgt, wie gehabt, 2 mal 4 Takte Klavier, 2 mal 4 Takte und Abschluß im Orchester, nach fis-moll führend. Keine langen Ausführungen wie beim 1. Refrain (1. Refrain 61 Takte, jetzt 27 T.). Es folgt sogleich die 2. Strophe und zwar in fis-moll, was aber nicht bedeutet, daß die Melancholie des 2. Satzes hier etwa wieder Einzug hielte. Ein nicht sehr eingehendes Thema wird vom Klavier in 8 Takten hervorgesprudelt, die Bläser wiederholen nicht, weil es wohl auch nicht lohnt, sondern sie geben eine eigene Antwort, nur sie allein, die Streicher schweigen wieder einmal. Das Klavier wiederholt sein Thema, und die Bläser antworten sehr ähnlich, fallen aber vorbereitungslos nach D-Dur (Subd. v. A-Dur), einer zwar verwandten, aber augenblicklich doch etwas entfernt gewesenen Tonart. Es schließt sich nahtlos eine neue Phrase in den Bläsern an, wird aber immerhin vom Klavier wiederholt, sogar die Streicher untermalen ein wenig. Ein langer Dialog zwischen Klavier und Bläsern schließt sich an und führt am Ende nach A-Dur zurück. Übergangslos reiht sich das 1. Thema der 1. Strophe an, will sagen die 3. Strophe, die zugleich die Reprise ist, beginnt, und der Refrain ist total unter den Tisch gefallen, das ist schon einmalig! Das Klavier beginnt also mit dem 1. Thema, die Wiederholung durch die Bläser (diesmal Flöte, Fagotte, Hörner), von den Streichern untermalt, steht nun aber wieder in a-moll! Die letzten Takte werden vom Orchester und Klavier abwechselnd mehrfach wiederholt. Das 2. Thema schließt sich an, wieder in A-Dur, wie beim ersten Mal von den Bläsern intoniert (Flöte, Fagotte, Klarinetten), Klavier wiederholt. Anschließend wird mit einzelnen Takten und einzelnen Musikgruppen noch ein bißchen »rumgespielt«. Darauf folgt mit nur kleinen Varianten (z.B. T. 152 ff.–T. 385 ff.) der solistische Teil (T. 130–170) der 1. Strophe mit wechselnder Begleitung, in A-Dur. Auch die folgenden Takte mit dem 2. Thema sind bis auf die Tonart nahezu unverändert (T. 171–201 – T. 412–440). Es erklingt ein letztes Mal der Refrain, sozusagen als Coda. Und zwar analog dem 1. Refrain, nur daß hier, auch nach der Themenvorstellung, das Klavier »im Geschäft« bleibt. Es kommen alle Motive noch einmal vor, die nur im 1. Refrain zu hören waren, und das Klavier hat seinen Anteil. Dazwischen schiebt es noch einmal die Schlußphrase der 1. Strophe (T. 489–495) und nochmals wirklich kurz vor dem Ende des Satzes (T. 514–517). Auch das ist ungewöhnlich, ein richtig aufregender Abschluß!

Wenn man das ganze Konzert noch einmal Revue passieren läßt, ist wohl doch der letzte Satz, dieses unordentliche Rondo, der Hauptgrund für die Beliebtheit dieses Werkes, ohne den beiden anderen Sätzen zu nahe zu treten! Er tanzt schon ganz gehörig aus der Reihe, und ist von ungeheurer Freiheit und Musikalität.

Klavierkonzert Nr. 20, KV 491, c-moll

Allegro, Larghetto, Allegretto
Orchester: Quartett, Flöte, 2 Oboen, 2 Klarinetten, 2 Fagotte, 2 Hörner,
               2 Trompeten, 2 Pauken

Dieses mit dem voraufgegangenen in A-Dur und dem folgenden in C-Dur sind die drei großen Konzerte des Jahres 1786. Dieses hier ist am 24. März beendet, also nur drei Wochen nach der Aufführung des A-Dur-Konzerts! Es ist viel reicher orchestriert, erst- und einmalig mit Oboen und Klarinetten, d.h. es avanciert damit zum reichst orchestrierten Klavierkonzert! Es nimmt, schon von seiner »Färbung« her, mit dem d-moll-Konzert eine Sonderstellung innerhalb aller Konzerte ein, und wenn man die beiden auf einen einfachen vergleichbaren Nenner bringen will, so kann man vielleicht sagen, dieses drückt eine geschüttelte Seele im Sturm aus, das andere war der Sturm (Girdlestone!) – es ist eher elegisch denn dramatisch.

Musikalisch verändert sich die Szene um die Jahrhundertwende, weg von dem klaren und strophischen Aufbau, hin zum Miteinander und Verwobensein einzelner Phrasen in einem einzigen »General«-Thema! Das trifft auch hier, zumindest für den 1. Satz zu.

Im ersten Satz das 1. Thema ist anders als alle anderen, auch anders als das vom »Schwesterkonzert« d-moll, am ehesten vielleicht vergleichbar dem von KV 449. Ganz ruhig und tiefgründig, piano beginnend, kommt es daher. Zunächst nur die Streicher mit dem Fagott, im 8. Takt gesellen sich die Oboen hinzu, das ist aber auch bereits der »Schwanz« des Themas, und das wiederum ist eigentlich nur eine, tonmäßig verschiedene, rhythmisch gleiche Folge von 3 mal 6 Tönen,

die sich aber eben durch die Wiederholung sofortigen Einlaß ins Ohr schaffen. Das Ganze wird, reicher mit Bläsern instrumentiert, eine Oktave höher, forte, wiederholt. An die Wiederholung schließt sich eine Verlängerung, die aber auch nur Teile des Themas verarbeitet, endend auf der Dominante. Man erwartet nun eigentlich ein 2. Thema, aber weit gefehlt. Nur die Holzbläser bringen zwei Teilstücke des Themas ganz sanft und fast lieblich und heller. Daraus entwickelt sich ein neuer Gesang, eine Art Kanon zwischen Flöte und Fagott, vom Rest

des Orchesters wohlwollend untermalt. Kein zweites Thema, eher einer der liebenswerten, begnadeten Einfälle Mozarts, mit denen er die Regeln des musikalischen Ablaufs öfter zu durchbrechen sucht. Dieser kurze Ausflug erscheint erst wieder in der Reprise, auch ein Indiz, daß es nicht als Thema gewertet werden will. In der Verlängerung klingen schon wieder Teile des Themas an, in das sie dann auch führen. In diesem Fall sind die Bässe die Thementräger. Nun sieht es nach Abschluß der 1. Exposition aus, aber nein, Flöte und Fagotte bringen noch einmal zarte Schwünge, während von den Streichern wiederum Thementeile dazwischengestreut werden, dieses nun aber in der Subdominante des parallelen Dur (Es-Dur) also in As-Dur, einer sowieso sehr weit entfernten Tonart, und dann auch noch eine Modulation innerhalb der 1. Exposition, das ist schon höchst verwunderlich! Es dauert auch nur wenige Takte, dann wird nach c-moll zurückgekehrt. Unter einer Kette von ansteigenden Tonleitern von Flöte, Fagott, Klarinette und ein bißchen Oboe, betreibt der Rest des Orchesters wiederum »Themenstückenpflege«, und findet nun endlich zum Ende der 1. Exposition. Eine Exposition, in der außer dem »nichtzweiten Thema« nur dieses eine Thema in allen Variationen und Teilstücken zu Worte kommt, und kennt man den Rest des Satzes, ist es wirklich nur ein Teil des ganzen Gedanken- oder Tongutes, offenbar hat Mozart dieses Thema besonders gefesselt.

Bei Takt 100 haben wir endlich den Eintritt des Klaviers, das ist bei weitem der späteste Einsatz eines Solos in einem 1. Satz aller, auch der drei folgenden Klavierkonzerte. Der Monolog, der auch wieder »nur« ein 1. »Themaderivat«

beinhaltet, besteht aus drei Teilen. Der zweite ist eine Wiederholung des ersten einen Ton höher, während der dritte schon eine etwas aufgelockerte Form annimmt und verlängert zur Tonika führt, die dann wiederum zwingend den Orchestereinsatz mit dem »richtigen« 1. Thema zur Folge hat. Streicher und Blechbläser beginnen, die Holzbläser folgen, und zuletzt folgt auch das Klavier, sich in den Fortgang einreihend. Ganz schnell übernimmt nun das Klavier die Führung, indem es das Thema, und seine Tonsprünge insbesondere, übertreibt, es führt dabei über B-Dur (Dom. Paral.) nach Es-Dur (T. Paral.). Die Bläser schweigen ganz, und die Streicher führen auch eher ein Schattendasein. Ein neues Thema, vielleicht könnte man es als Klavierthema bezeichnen (ist es natürlich auch nicht), erscheint, ein heiterer wiederum dreiteiliger Gesang, dessen Heiterkeit allerdings eher vordergründig ist, die Nähe zu c-moll ist offenbar. Das Klavier führt es ein, von den Streichern untermalt, aber schon die Wiederholung und leichte Ausschmückung reißen Oboen, Klarinetten und Fagotte an sich,

und schon ist es wieder verschwunden. Noch in die letzten Töne des Gesangs wirft das Klavier wieder härtere Töne, die nur durch die eher zarten Flöten- und Oboenzwischenrufe gedämpft werden. Nach drei Takten Einigkeit und Sichbesinnen (T. 175–177), wird es wieder unbeständig und sehr bewegt. Klavier und Violine wiederholen dreimal ein etwas atemloses Motiv in B-Dur, Es-Dur, As-Dur, voneinander getrennt durch den fast vollen Bogen einer Tonleiter in der rechten Hand in 16teln, endend in einer Reihe von Arpeggien und einem Triller auf Es. Hierauf bringen Oboen und Klarinetten ein neues Motiv, zarter wieder in der Gestaltung und von Auf- und Abwärtsbewegungen der Geigen begleitet,

von Terz zu Terz dringt es bis zu den Fagotten vor. Das Klavier wiederholt in der rechten Hand, von den Geigen mit eben solchen absteigenden Terzen begleitet, gehen beide gemeinsam, von den Geigen in die Bratschen und Celli, und von der rechten in die linke Hand über fast vier Oktaven hinab. Nun folgt endlich auch einmal eine etwas »virtuose« Passage. Die Flöte hält sich strikt ans 1. Thema, während die Streicher schlagzeugähnlich darunter murmeln. Das Klavier beherrscht mit kräftigen Arpeggien die Szene, landet zwischendurch bei Fis-Dur, einer von Mozart selten verwendeten Tonart. Damit sind die etwas besinnlichen Abschnitte wieder einem eher »angriffschen« Tenor gewichen. Die Arpeggien werden von großen Auf- und Abschwüngen abgelöst, die Streicher ergehen sich in Synkopen, und die Bläser bringen langgezogene, rollenverteilte Aufwärtsbewegungen. Wieder Arpeggien des Klaviers, und das Orchester hält nur noch den Ton, schließlich schweigt es ganz, und das Klavier kommt mit sich allein zur Ruhe. Aber es ist immer noch nicht Schluß, Klavier und Bläser bestreiten noch einmal einen rhythmischen Dialog, von den Streichern untermalt. Das Klavier bringt einen Abschluß mit Triller auf Es, nun geht es aufs Ende, Umkehrung und Verkürzung des 1. Themas, und Abschluß wie nach der 1. Exposition. Fast die ganze Soloexposition verlief in Es-Dur, und so wie die 1. Exposition eigentlich nur das 1. Thema zum Gegenstand hatte, ist es hier eher Mangelware!

Es folgt die Durchführung. Das Klavier beginnt mit seiner Variation des 1. Themas, wie zu Beginn seiner Einführung, nur in Es-Dur. Allerdings verändert es sich nach der ersten Wiederholung. Die Holzbläser geben ein kleines Echo, und der neuerliche Einsatz klingt eher wie eine Frageform. Aber danach folgt, auch wie im 1. Solo, das 1. Thema in voller Besetzung, in f-moll. Das Klavier geht diesen Weg nicht mit, sondern es bringt einen eher solistischen Teil mit kräftigen Arpeggien über jeweils 4 Takte über weite Teile der Klaviatur, während die Streicher letzte Teile des 1. Themas lose darunter verteilen, ohne rechte Verbindung. Das Klavier geht von g-moll der ersten 4 Takte über c-moll der zweiten und Es-Dur der dritten 4 Takte. Schließlich gibt das Orchester auf und das Klavier »rollt aus« in Arpeggien über fast 3 Oktaven, ohne dabei etwa zur Ruhe zu kommen, ganz im Gegenteil, es ist gewappnet für die geballte Kraft des Orchesters, die sich jetzt in seinen Redefluß wirft. Ein großer Wettstreit beginnt.

Viermal wirft sich das Orchester dazwischen, eine großartige Passage, die uns Mozart in einem neuen, den Klavierkonzerten bislang eher fremden Licht zeigt.

Beim fünften Anlauf des Klaviers zeichnet sich eine gewissen Konsolidierung ab, die Streicher schweigen, und die Bläser gehen mit dem Klavier gemeinsam, das wieder in ein großes Arpeggio verfällt, während in den Bläsern Reste des allgegenwärtigen Themas nachklingen. In einer großen Linie führt es dann zum Ende der Durchführung. Relativ kurz, wie fast alle seine Durchführungen, ist sie doch reich an Ereignissen, und recht weit entfernt vom Hauptthema des Satzes. Andere Phrasen, wie das liebliche »Klavierthema«, kommen gar nicht zum Tragen. Auch von daher eine sehr eigenwillige Durchführung, aber damit hat man ja schon Erfahrung! Dafür haben wir nun die Reprise, die alles noch einmal zu Gehör bringt, kurz und präzise, ohne viel Virtuosität aufkommen zu lassen. Die Reprise ist wieder eher düster, alles ist wieder nach moll gekehrt, auch die etwas heitereren Teile wie etwa das »Klavierthema« oder die Klarinetten/Oboen-Phrase (T. 200 ff.). Auch die Anordnung der Phrasen zu- und untereinander ist unterschiedlich, um nicht zu sagen völlig durcheinander, was natürlich auch die Stimmung ändert. Es fängt also ganz normal mit dem 1. Thema im Orchester an, so wie in der Soloexposition, Streicher und Blechbläser beginnen, Holzbläser folgen, und das Klavier schließt sich an, ohne große Zugaben, mit einem Abschluß wie die allererste Codetta (T. 28–33). Dort allerdings im Orchester, hier zunächst im Klavier, dann im Orchester. Darauf folgt das Motiv, das die Oboen und Klarinetten intonierten, und das Klavier wiederholte, so geschieht es hier auch. Daran schließt sich das »Klavierthema«, geringfügig verändert, indem das Klavier in die Bläserwiederholung kleine Tonleiter-Einsprengsel macht, sich also noch ein bißchen daran beteiligt. Eine Modulation über die (in der Exposition) folgende Phrase schließt sich an. Danach kommt aus der 1. Exposition eine Phrase, Teilstück des Themas in den Holzbläsern, diesmal allerdings gestärkt durch das Klavier, das auch die Verbindung zur nächsten Phrase, dem Gesang der Flöte und der Fagotte schafft, und auch begleitet. Diese Takte sind an sich unverändert übernommen aus der 1. Exposition, nur mit dem Klavier angereichert. Der Abschluß ist etwas verändert und hier durch ein paar klavieristische Takte verlängert. Das Klavier hat also keinen Einfluß genommen auf den vorgegebenen Ablauf, sondern sich dem unterstellt. Den Abschluß bildet natürlich das 1. Thema, rein orchestral, mit dem Thema in den Fagotten und in den Bässen führt es zur Kadenz. Offenbar ist Mozart noch nicht am Ende, er fügt eine richtige Coda hinzu, Vorläufer dazu in KV 271, die einzige richtige in allen Konzerten. Das Orchester beginnt zunächst kräftig einen richtigen Neuanfang, dann geht es piano weiter, die Bläser in abwechselnden Schwüngen nach oben, in den Streichern Teile des allgegenwärtigen Themas und Abschluß. Aber dann bekommt das Klavier noch einmal einen Einsatz. Mit zarten Arpeggien, von den anderen sparsam untermalt, wiederum mit Teilen des Themas, bewegt sich das Klavier ein bißchen wie auf Wolken. Leicht und schwerelos verweht im pianissimo der Satz.

Der zweite Satz ist ein Rondo, wenn auch ein winziges, ein Rondo-Larghetto, die Form, die Mozart ab den 80er Jahren sehr häufig für 2. Sätze genommen hat, sie ist nicht so gleichförmig in der Struktur wie eine Sonate. Das Rondo steht im parallelen Dur, in Es-Dur. Es ist wie gesagt ein sehr kurzer Satz, aber von der Melodie des Refrainthemas ein sehr eingängiger stimmungsmäßig weiten Teilen des 1. Satzes angepaßt

Der Refrain besteht aus drei Teilen, sagen wir a – b – c –. Das Klavier beginnt, es könnte fast ein romantisches Abendlied werden. Streicher und Bläser

im Wechsel wiederholen die 4 Takte (a). Das Klavier bringt weitere 4 Takte (b), eine Fortsetzung des Abendliedes, Bläser wiederholen eigentlich nur den Abschluß dieser Phrase etwas variierend, von den Streichern sparsam unterstützt. Dann spielt das Klavier noch einmal die ersten 4 Takte (c), im 2. und 4. Takt von den Bläsern ermuntert, wenn nicht gar überstimmt. Übergangslos beginnt die 1. Strophe, besonders abrupt, weil sie auch noch zurückfällt tonartmäßig in den 1. Satz, nämlich nach c-moll. Diese wie auch die 2. Strophe bestehen aus 2 Phrasen à 4 Takten, und zwar intonieren die Bläser mit den ersten 4 Takten die neue Phrase, und das Klavier, von den Streichern begleitet, nimmt sie leicht variiert auf. Die Bläser wiederholen, etwas ausgeschmückt, das Klavier ebenso, es macht einen kleinen solistischen Abschluß. Man könte die Phrase als Fragment einer Bläserserenade bezeichnen. Dann beginnt der Refrain, diesmal sind es nur die ersten 4 Takte des Klaviers, und schon schließt sich die 2. Strophe an, in der Subdominante – As-Dur –. Die Form ist die gleiche wie in der 1. Strophe, wieder eine Bläserserenade en miniature. Die Bläser intonieren, Klavier und Streicher wiederholen, wobei die Streicher meist verdoppeln, eine Oktave tiefer. Das Ganze wird auch leicht variiert wiederholt. Sie ist der 1. Strophe sehr verwandt, vielleicht mit einer etwas weicheren Stimmung. Die Streicher verlängern um 4 Takte, gefolgt von den Bläsern, mit Bruchteilen der Phrase sozusagen als Abschluß der Strophe. Und schon sind wir wieder beim Refrain, diesmal wieder vollständig. Danach bringen die Bläser, die in diesem Satz eine gewichtige Rolle spielen, eine Coda mit zwei Motiven, einem absteigenden von Klarinetten, Fagott, Oboe und ein bißchen Horn, und einem aufsteigenden der Flöte. Das Klavier greift das aufsteigende Motiv variierend auf, Streicher begleiten. Die letzten Takte gehören dem Klavier, mit eben jenem Motiv von einem Fagott sehr aktiv unterstützt, und angereichert mit Flöte und Oboe. Und schon ist der Satz vorbei!

Der dritte Satz hat nicht die übliche Form des Rondo, Mozart benutzte es selten für moII-Sätze, eher Fugen, Sonaten oder wie hier eine Variation.

Das Thema könnte sowohl ein Marsch als auch ein »Lobgesang« sein, vielleicht in den ersten 4 Takten ein Marsch und in den zweiten 4 Takten eher ein Lobgesang. Das Ganze aber in Einklang mit den ersten beiden Sätzen, also getragen, vielleicht auch elegisch, nicht so gesanglich. Die Instrumentierung ist großartig, und das Zusammenspiel aller mit allen in den verschiedensten Zusammensetzungen läßt das Thema immer neu erscheinen. Schon die Vorstellung des Themas ist wunderbar verteilt. Zunächst führen die 1. Violinen das Thema ein, von den

anderen Streichern und den Bläsern begleitet, aber schon im 3. Takt ist es nur noch die Flöte, die allerdings verdoppelt die 1. Geigen eine Oktave höher. Im Takt 5/6 verdoppelt das Fagott, und zum Abschluß der 8 Takte sind sie alle wieder da. Im 2. Teil beginnen wieder alle, und das Thema ist wieder in den 1. Geigen, in der zweiten Hälfte verdoppeln nur die Fagotte, und ab vorletztem Takt sind wieder alle zugegen.

Also das Thema unserer Variation ist vorgestellt. Es besteht aus zwei Hälften zu je 8 Takten, die jeweils wiederholt werden. Diese beiden Teile sind sich sehr ähnlich, auch im Aufbau. Die ersten 4 Takte, wie gesagt, eher marschmäßig, die zweiten eine Art melancholischer »Lobgesang«! Es folgen nun die acht Variationen. Wie in vielen anderen Variationssätzen hat das Klavier keinen Anteil an der Aufstellung des Themas. Dafür gehört ihm die erste Variation ganz allein, bis auf einige wenige Töne der Streicher. Diese Variation ist eigentlich eine weitere Vorstellung des Themas, etwas variiert, aber mit »wörtlicher« Wiederholung der jeweils 8 Takte, während in den weiteren Variationen die Wiederholungen frei sind. Die zweite Variation wird eingeleitet von den Bläsern, die Oboe wiederholt genau das Thema, die anderen umspielen, es wirkt dadurch aufgelockerter. Die Wiederholung übernimmt das Klavier modulierend, von Streichern unterstützt mit vereinfachtem Thema. Die 2. Hälfte beginnen wieder die Bläser, und das Klavier wiederholt. Die dritte Variation beginnt das Klavier wieder allein, aber »forte« und mit Vehemenz. Es ist der Text des Themas, aber in der rechten Hand sind viele Viertelnoten in punktierte Achtel umgewandelt, und die linke Hand spielt Triolen, so daß das Ganze sehr viel unruhiger wird. Die Wiederholung bringt das ganze Orchester, und die Triolen werden von den 2. Geigen fortgeführt, während die punktierten Achtel bei allen anderen anzutreffen sind. Die 2. Hälfte beginnt wieder das Klavier allein im gleichen Rhythmus, und auch die Wiederholung ist gleich. Dieser Sturm endet brüsk, und Klarinetten und Fagott beginnen eine sanfte Melodie in As-Dur. Die vierte Variation bringt keinerlei Neuigkeiten weder rhythmisch noch harmonisch, es ist eher ein leich-

tes Zwischenspiel. Das Klavier wiederholt nahezu textgleich von den Streichern untermalt. Die 2. Hälfte ist ebenfalls »unauffällig«, erst Klarinetten und Fagotte, dann Klavier und Streicher. Die fünfte Variation ist im ersten Teil eine richtige

Variation mit freiem Kontrapunkt zu 4 Stimmen vom Klavier allein bestritten, von singendem Charakter sehr mozartisch und hier eher ungewöhnlich. Sie ist den voraufgegangenen Sätzen am ähnlichsten. Die Wiederholung ist stark an die 3. Variation und ihren marschmäßigen Rhythmus angelehnt, mit punktierten Achteln in der rechten Hand und wellenförmig aufsteigenden Tonleitern in der Linken. Hier erscheinen gegen Ende die Streicher im Untergrund. Die 2. Hälfte ist ähnlich, nur ist der Kontrapunkt in den ersten 8 Takten meist nur noch zweistimmig. Von neuem kommt etwas Heiterkeit in den Satz. Die sechste

Variation steht in C-Dur und verspricht einen »himmlischen Frieden«, mehr als nur ein Zwischenspiel wie die 4. Variation. Es ist ein Zwiegespräch zwischen Flöte und Fagott. Die Wiederholung bestreitet das Klavier mit lebhafter

Streicherbegleitung. Die 2. Hälfte ist ähnlich, und zum Abschluß in einer kleinen Verlängerung, nämlich noch einmal 4 Takte, gesellen sich die Bläser zum Klavier, und die Streicher schweigen. In der siebenten Variation wird nach moll zurückgekehrt, also auch zur »Tristesse«. Der Versuch einer Aufhellung ist gescheitert. Die Streicher beginnen, wie ganz zu Anfang des Satzes, aber schon im 2. Takt werden sie von den Bläsern, und dem Klavier mit aufsteigender Tonleiter, barsch unterbrochen, und auch nach dem 3., eigentlich dem 2. Takt der Streicher noch einmal. Das Klavier beherrscht auch die nächsten 4 Takte mit Arpeggien, das Thema bleibt in den Streichern, im letzten Takt auch mit den Bläsern. Die zweite Hälfte ist der ersten sehr ähnlich, sie bekommt einen kräftigen Abschluß, endend auf dem Akkord der Dominante. Dieses sind nur 16 Takte statt der üblichen 32, dafür ist die Aufteilung nach Instrumenten schon jeweils nach 4 Takten vollzogen. Es folgt die Kadenz, oder auch nur eine solistische Überleitung. Und ohne daß das Orchester zu Wort gekommen wäre, folgt noch eine achte Variation.

Sie steht im 6/8tel Takt, wie oft die Abschlüsse der Rondi, aber nach wie vor fest im »moll-Griff«, was einmal zum Abschluß unüblich und zum anderen auch nicht so recht zu den 6/8tel passen will. Diese Variation wird bis auf den letzten Schluß vom Klavier allein bestritten. Es bleibt auf einem Motiv des Satzthemas hängen, bis es sich (T. 240) mit einer Tonleiter eine Oktave höher schwingt, jetzt von den Streichern unterstützt, um von diesem Motiv loszukommen. Eine Folge von Sechsten schließt sich an und wird zum dramatischen Höhepunkt (T. 240–256). Dieses, um die Wichtigkeit dieser Takte zu unterstreichen, wird wiederholt. Mit einem letzten Aufschrei des Grundfragments dieser Variation beenden alle gemeinsam diesen Satz.

Dieses ist in vieler Hinsicht eines der größten Klavierkonzerte Mozarts. Material und Verarbeitung sind einzigartig, groß das Orchester, großartig die Zusammenarbeit in den verschiedenen Zusammensetzungen – das ist vielleicht überhaupt das Wichtigste!

Klavierkonzert Nr. 21, KV 503, C-Dur

Allegro maestoso, Andante, Allegretto
<u>Orchester:</u>   Quartett, Flöte, 2 Oboen, 2 Fagotte, 2 Hörner, 2 Trompeten,
        2 Pauken

Fast drei Jahre hat sich Mozart intensiv mit dieser Gattung Klavierkonzert beschäftigt (von Februar 1784 – Dezember 1786 entstanden 12 Konzerte!). Natürlich nicht ausschließlich, aber doch wohl mit keiner andern Form so intensiv.
Dieses ist das letzte des ertragreichen Jahres 1786, es ist mit den beiden voraufgegangenen wohl der Höhepunkt dieser Periode und auch dieser Gattung. Voller
Kraft und Energie, umfassend in Ausdruck und Verarbeitung, dabei nicht ohne
Lieblichkeit und zarte Töne, themenreich wie keines zuvor (Girdlestone: »Es sind
die Kinder eines großen Mannes in der Blüte und Kraft seiner Jahre!«).
      Es ist das letzte von 4 Konzerten in C-Dur (KV 246, 415, 467). C-Dur ist bei
Mozart oft die »einfache« Tonart, in der er mehr den Geschmack des Publikums
im Auge hat, denn seinen eigenen, dieses vor allem in den jungen Jahren, auch um
Geld zu verdienen. Zu dieser Kategorie gehören die letzten und dieses folgende
nun mit Sicherheit nicht. C-Dur ist auch die Tonart der Festlichkeiten, auch der
Märsche und pompösen Ouvertüren. In den letzten Jahren ist es dann eher die
»olympische« Tonart, im guten Sinne. Dazu gibt es viele Beispiele u.a. im ersten
Satz des Konzertes KV 415. In allen seinen späteren Werken, so ab 1785 ungefähr,
ist es die Tonart für das Großartige, Positive, Starke und Reiche.
      Wenige Werke Mozarts beginnen mit solch einem triumphalen Eingangsthema!
Nachdem das voraufgegangene c-moll-Konzert in Konflikten befangen und wenig siegreich war, ist dieses eine »Revanche«, es ist triumphal und siegreich!
      <u>Der erste Satz</u> ist ein Allegro maestoso. Eine Serie von kraftvollen Akkorden
des ganzen Orchesters eröffnen ihn.

Nach 6 Takten wird dieser »Triumphmarsch« von einem leichten, fast zärtlichen Zwischenruf der Fagotte und Oboen unterbrochen, die Akkorde werden

wiederholt, Oboen und Fagotte beenden wiederum, diesmal doppelt, wobei der 2. Zwischenruf nach g-moll moduliert ist, in dem nun auch die folgende rhythmische Phrase, das eigentliche Thema, das in gleicher und abgewandelter Form

den ganzen Satz beherrscht, zunächst beginnt. 1. und 2. Violinen stellen es versetzt vor, von den anderen Streichern, Flöte und Oboen unterstützt, eine leichte Aufwärtsbewegung, die wieder auf der Tonika endet. Die Wiederholung, schon leicht abgewandelt, bestreiten die Fagotte und Bässe, während die Geigen mit leichter Wellenbewegung nur stützen. Beim dritten Mal haben 1. und 2. Geigen wieder das Thema, die Flöte hinkt etwas hinterher. Beim vierten Mal sind es 2. Geige und Bratsche, Oboen und Fagotte, beim letzten Mal sind es die 1. Geigen, Bässe und Fagotte, endend 2 Oktaven tiefer in absteigenden 8teln in G-Dur. Kein Werk Mozarts beginnt in solch grandioser und formenreicher Art (geradezu eine Königseröffnung!). Man muß gespannt sein auf das was noch kommen wird! Dabei ist es eigentlich ganz einfach!! Man nehme eine kleine Phrase, umspiele sie ein bißchen, verteile sie ordentlich auf die einzelnen Instrumente, moduliere ein bißchen von Dur nach moll und umgekehrt und – ja aber das ist wohl dann doch Genie! Nun aber kommt ein großer Einschnitt oder Wechsel, obwohl es immer noch derselbe Rhythmus ist. Das 2. Thema, das wieder kein richtiges

ist, das einfachste und bewegendste, das man sich vorstellen kann (Girdlestone: »Marsch der Feen«), erscheint zunächst in c-moll in den Streichern allein, über vier Takte, die etwas abgewandelte Wiederholung wird von den Bläsern sanft übertönt. Die Oboen beginnen es neu in C-Dur, wiederholen es auch, und werden dabei von den anderen Bläsern reich umspielt. Die Flöte krönt das Ganze mit einem Kontrapunkt darüber. Das Thema endet mit einer Abfolge kräftiger »Fanfarenstöße«. Eine weitere schlängelige Phrase schließt sich an durch alle Instrumente hintereinander. Und schließlich endet die 1. Exposition wieder mit der »kleinen Phrase«, dem eigentlichen Thema in Violinen, Oboen und Fagotte, mit Bassi Alberti in den 2. Geigen in einem großartigen Abschluß. Wie soll sich das Klavier da einfügen, einen Anfang finden, nach so viel Pracht? Die Streicher »nehmen es an der Hand«, locken es aus der Reserve mit einem zarten Anruf, einem Triller, zaghaft antwortet das Klavier mit einer Hand mit einem ähnlichen Fragment, es bedarf einer zweiten Einladung durch die Streicher, es folgt eine hastige Antwort in 16teln, und noch ein dritter Anruf ist vonnöten, bis das Klavier seinen eigenen Weg findet, mit einem neuen Motiv, das es dreimal wiederholt, zum Schluß hastig in 16teln dahinbrilliert. Neubeginn mit dem Anfang des »Triumphmarsches«, das Orchester beginnt, der Zwischenruf von Fagotten und Oboen wird dann bereits vom Klavier tatkräftig und reich verziert, die Wiederholung bestreiten die Bläser und das Klavier, der Zwischenruf wird wiederum vom Klavier untermalt. Nun folgt, wie in der 1. Exposition, das eigentliche Thema, die rhythmische Phrase in den Streichern, umspielt vom Klavier, das sich dann erst mal verselbständigt in auf- und abwärts führenden 16teln, sparsam, gegen Ende reicher, von den Streichern unterfüttert, mit großem Pomp im ganzen Orchester schließend. Das Klavier beginnt eine neue, leichte, elegante Phrase im unerwarteten Es-Dur.

Überhaupt ist der Wechsel der Tonarten in diesem Konzert ganz besonders auffällig und intensiv. In diese schöne Phrase schleicht sich aber bald das allgegenwärtige Thema wieder ein. Das Klavier nimmt es solistisch mehrfach wiederholend auf, endend in einer weiteren solistischen Abfolge von in 16teln auf- und abwärtsführenden Tonleitern, sparsam mal von den Streichern mal von den Bläsern untermalt. Es folgt das 2. Thema, es ist aber nicht das »unrichtige« 2. Thema aus der 1. Exposition, sondern ein neues Thema, ein eher singendes.

Der Rhythmus des anderen 2. Themas ist in den schattenhaft existierenden Streichern zu ahnen. Die Bläser begleiten hin und wieder. Es ist eine lange sehr solistische Episode, eine außergewöhnlich farbenreiche Exposition mit immer wieder auftauchendem »Hauptthema«, an der das Orchester zwar geringen Anteil hat, optisch und auch akustisch, dennoch geben beide Teile des Orchesters dem ganzen Part ein unverzichtbares Gerüst. Die Durchführung, die nach dieser langen Exposition folgt, beginnt nicht etwa mit dem »Fanfarenanfang«, sondern mit der allgegenwärtigen 3/8tel Phrase, dem eigentlichen Thema. Genau wie in der 1. Exposition die Takte 26–30 und 41–50, hier die Takte 214–227, es bleibt so gut wie unverändert. Jetzt erst tritt das Klavier auf den Plan mit dem »Nicht 2. Thema«, was aber angekündigt wird, nochmals mit der 3/8tel-Phrase unterstützt von 2 Takten halber Noten in den Streichern. Und zwar beginnt es in h-moll, ziemlich entfernt von C-Dur. Oboen, Fagotte und Flöte wiederholen in a-moll, schon sehr viel verwandter. Dazwischen spielen Oboen und Fagotte die 3/8tel Phrase, vom Klavier umspielt. Das eigentliche Thema bringen aber dann Flöte und Oboen, von Fagotten begleitet. Das Ganze wird nochmals wiederholt, die 3/8tel Phrase verdoppelt, einmal die Streicher, Flöte, Oboen und Fagotte, beim zweiten Mal Hörner, Trompeten, Pauken. Flöte, Oboen und Fagotte haben hier die halben Noten, die am Anfang die Streicher hatten (T. 248 ff.). Das Klavier bringt das Thema jetzt in F-Dur, Flöte, Oboen und Fagotte werfen in g-moll die halben Noten, die jetzt Viertel Noten sind, dazwischen, und so munter fort. Das Thema wird umspielt, verfälscht, moduliert, abwechselnd neu intoniert, kanonartig verteilt. Das Ganze spielt sich ziemlich ausschließlich zwischen Klavier und Bläsern ab, die Streicher haben nur ab und an ein paar Themenbrocken zum Unterstützen. Dieses alles endet im Takt 281 in G-Dur, und das Klavier ergeht sich zum Abschluß in Arpeggien und abwärtsführenden Oktaven in der Linken. Die Durchführung schließt festlich in C-Dur, das ist zugleich der Beginn der Reprise mit dem triumphalen Eingangsthema. Wie auch in der 2. Exposition beginnt das Orchester, wird unterbrochen von den Fagotten und Oboen, hier aber ohne Klavier. Das steigt erst in der Wiederholung ein, diesmal aber als erste »Fanfare« vor den Bläsern und ohne Streicher. Die zweite Unterbrechung durch Oboen und Fagotte wird dann wieder kunstvoll vom Klavier unterstützt. Das Folgende in dieser Reprise entspricht fast ohne Unterschied der 2. Exposition also Takt 290–323 den Takten 112–159, mit etwas verändertem und verkürztem Abschluß. Es folgt das 2. Thema aus der 2. Exposition, ebenfalls sehr ähnlich, die Tonarten allerdings verändern sich. Es ist ein Feuerwerk pianistischer und harmonischer Kunst (bis Takt 364). Daran schließt sich eine kurze Erwähnung des 2. Themas aus der 1. Exposition, das in der Durchführung so im Mittelpunkt stand, hier aber nur in Oboen und Hörnern, von den anderen Bläsern umspielt, beim ersten Mal vom Klavier mit einem Triller auf G, beim zweiten Mal von Triolen untermalt. Der Rest ist eine solistische Eskapade, hin und wieder von den Streichern mit der 3/8tel Phrase unterfüttert, endend im brausenden Abschluß des ganzen Orchesters. Es folgt die Kadenz. Eine Coda, die mehr oder weniger auch die 3/8tel Phrase zum Thema hat, beendet diesen großartigen 1. Satz.

Der zweite Satz, ein Andante, wie die meisten zweiten Sätze in der Subdominante – F-Dur – geschrieben. Es ist ein sehr kurzer Satz in der Form einer Sonate, die Durchführung ist hier allerdings eigentlich nur ein Übergang von der Exposition zur Reprise. Die ganze Exposition hat 58 Takte, die Reprise immerhin noch 35 Takte, die »Durchführung« hingegen ganze 14 Takte. Trotzdem ist es ein sehr vollkommener, edler Satz, dem 1. Satz stimmungsmäßig verwandt, wenn auch verhaltener. Dafür ist es auch ein Andante. Das Orchester ist ein bißchen zurückgenommen, Flöte, Oboen, Fagotti, nur etwas Horn, Streicher, wobei die letzteren im Gesamtverlauf eher wenig beitragen, es ist auch wieder ein Satz der Bläser. Das 1. Thema, 8 Takte, vom Orchester vorgetragen, in zwei Teilen; der erste eher getragen, der zweite schon etwas fröhlicher, schon durch die Bläser bestimmt, die ihn führend vortragen, mit Abschluß.

Wobei beide Teile je nur aus einer Phrase bestehen, Takt 1 und 2, die in Takt 3 und 4 variiert wiederholt wird, und Takt 5 und 6, die in Takt 7 und 8 unwesentlich verändert wiederholt wird. Takt 9 und 10 ist weiterverändert immer noch dieselbe Phrase, und Takt 11 bringt das Thema zum Abschluß. Natürlich ist das »Wortklauberei«, und das Ganze klingt völlig homogen, ein wunderschöner Gesang. Kaum zu Ende, ist in den 2. Geigen ein Murmeln von 16teln, die ein neues Thema eröffnen.

Einer der wenigen Teile des Satzes, der den Streichern gehört. Ebenfalls in zwei Teilen, ebenfalls forte/piano, ebenfalls wiederholt, von den Bläsern beendet. Den Abschluß bildet ein kleiner Dialog zwischen 1. Violinen, Hörnern und Fagotten und dem Rest des Orchesters mit dem Ende einer Flöten/Fagott-32tel-Aufwärtsbewegung. Das Klavier erscheint, bringt das 1. Thema aber schon mit sehr eigenen Worten, und den zweiten Teil nur noch als Rumpf. Daran schließt sich ein kleines Solothema, ganz im Stil des Satzes. Nach wenigen Takten nach C-Dur moduliert, beginnt das Klavier das 2. Thema, diesmal nur von den Geigen etwas untermalt, und ohne den Bläserabschluß. An dessen Stelle rückt ein neues Thema, ein weiteres Klavierthema, so wird es auch gehandhabt, mehr oder weniger solistisch, von markanter Rhythmik. Flöte, Oboen und Fagotte wiederholen kanonartig

mit reicher Ausmalung des Klaviers. Daran schließt sich die »Durchführung«, die nun wieder zur Tonart des Satzes, F-Dur, zurückkehrt. Mit einer Reihe von Akkorden beginnt es, klingt zunächst etwas streng, aber durch die folgenden vergnüglichen »Sprünge« des Klaviers, von der Flöte unterstützt, gewinnt das Ganze gleich eine andere Stimmung. Das Klavier ergeht sich im weiteren in Triolen mit der Zustimmung der Bläser, und kaum wahrnehmbar, weil auch schon wieder variiert, beginnt die Reprise mit dem 1. Thema. 1. und 2. Thema werden verbunden durch die ersten Takte des 1. Klavierthemas aus der 2. Exposition, es folgt das 2. Klavierthema, alles fast unverändert wie in der Exposition. Das Ende wird signalisiert durch die kleine Abschlußphrase aus der 1. Exposition, zunächst in den Bläsern, wiederholt und variiert vom Klavier und den Streichern, und einer Abschluß-32tel-Aufwärtsbewegung des Klaviers.

Dieses Andante ist eigentlich in seiner Kürze, wie seine eigene Durchführung, zwischen Exposition und Reprise, ein Verbindungsstück zwischen dem 1. und dem 3. Satz. Die Sonatenform ist auf den ersten Blick nicht zu erkennen, es sind keine »richtigen« Themen, es ist eben alles ganz kleinteilig, die sehr variierten Wiederholungen machen es unübersichtlicher. Aber es ist ein geschlossener in sich stimmiger Satz von besonderer Ausstrahlung.

Der dritte Satz ist ein Rondo, richtiger wieder eine Rondo-Sonate und steht in C-Dur. Die Streicher beginnen den Refrain-Teil – oder 1. Exposition mit einem Gavotte-Thema über 8 Takte, die Bläser fügen eine Marsch-Phrase hinzu, die

1. Violinen wiederholen die ersten 4 Takte, die Bässe bringen diese Takte allein noch einmal, aber in g-moll! Die Violinen übernehmen den »Bläsermarsch«, zwei Takte, dann werfen Oboen und Fagotte, beim nächsten Mal kommt noch die Flöte hinzu, einige 16tel dazwischen, beim dritten Mal ist man dann wieder in C-Dur. Das ganze Orchester macht einen Abschluß. Es beginnt Teil B – die 1. Strophe – oder 2. Exposition. Das Klavier allein intoniert zunächst eine Art

Einführung, die vielverwendeten Triolen erscheinen kurz in der linken Hand, die rechte »punktiert« mit Akkorden, und die Streicher untermalen. Schnell aber

übernimmt die rechte Hand wieder die Triolen, und mit einer neuen Phrase

parliert es noch eine Weile unangefochten weiter. Der Triolenwechsel wiederholt sich, landend in D-Dur, der Doppeldominante von C, und von einer langgezogenen Tonfolge der Bläser überspielt führt es zum 2. Thema dieser Strophe, das

ebenfalls vom Klavier eingeführt wird, aber nicht ganz solistisch bleibt, wie das 1. Thema. Flöte und Oboen und dann auch Fagotte wiederholen das Thema zweimal, vom Klavier genüßlich mit Triolen unterlegt, und von den Bässen wesentlich gestärkt. Es folgt ein großartiger Übergang immerhin über 22 Takte zum Refrain. Hieran sind Solo und Bläser und Streicher gleichermaßen beteiligt, gegen Ende klingt moll an, und verändert den Charakter, das C-Dur-kraftvoll Frische wird ein bißchen leidenschaftlicher. Das Klavier übernimmt nun die erste Aufstellung des Refrains, das Orchester wiederholt, die Bläser bringen ihren kleinen Marsch. Kanonartig wiederholen die Streicher den 1. Teil des Refrains, diesmal in Dur, mit Abschluß. Das Klavier übernimmt auch in der 2. Strophe – C-Durchführung – mit einem neuen Thema in a-moll mit neuem Rhythmus die Führung, 8 Takte lang. Diese werden in F-Dur wiederholt, wobei die Streicher ein bißchen unterstützen dürfen, gefolgt von einigen markanten Takten in der Art einer Coda. Daran schließt sich ein neues Thema, ein einfacher wunderschöner Gesang, von der rechten Hand intoniert, links von Triolen unterfüttert, während die Baßbegleitung in »richtigen« Baßinstrumenten, und nicht in der linken Hand liegt. Oboen und Flöte wiederholen, vom Klavier mit Bassi Alberti untermalt. Der 2. Teil ist aufrührender, ist auch eher eine Abwärtsbewegung, während es im ersten Teil eine Aufwärtsbewegung war, ebenfalls in der rechten

Hand, links die Triolen, und die Baßbegleitung liegt diesmal beim Cello allein, auch das bringt einen weicheren Klang herein. Oboen und Fagotte, später Flöte, wiederholen mit reicher Unterstützung des Klaviers. Das etwas veränderte Ende der zweiten Wiederholung befindet sich schon in c-moll, und wird von kräftigen Akkorden der rechten, und Triolen der linken Hand unterstützt. Die Stimmung ändert sich, wird dramatischer, hastiger. Im Takt 202 beginnt die Flöte mit den ersten 4 Takten des voraufgegangenen Themas, die Fagotte folgen kanonartig, dann die Oboen, die Flöte wiederholt moduliert nach g-moll. Das Klavier unterstützt mit Triolen in beiden Händen, später links in Oktavengriffen auf G. Vorherrschend hier die Bläser, die sich die Phrasenaufstellung teilen. Sie haben augenblicklich das Sagen! Ab Takt 206 kommen auch noch die Hörner hinzu, wenn auch nicht gerade aufregend, eher unterstützend. Die Bläser werfen sich nach wie vor kanonartig immer wieder diese 4 Töne zu, zum Schluß, denselben anzeigend, verändert sich die Tonfolge, sie geht nur noch abwärts, und die Streicher machen eine Gegenbewegung, wohingegen das Klavier Triolen auf und abwärts spielt. Es beendet diese großartige Passage – Durchführung – in besagten Triolen und intoniert zum dritten Mal den Refrain. Dieses war mit Sicherheit der schönste und auch dramatischste Teil des ganzen Rondos, in dem die Kanonform eine große Rolle spielte. Auch die große Zusammenarbeit und

Einbeziehung aller Instrumente, bis hin zur Baßteilung, belegen die Wichtigkeit dieses Teils des Rondos. Das Klavier ist nicht »untergebuttert«, es ist hier das kraftvolle Gerippe des Ganzen, das die Themen aufstellt und hin und wieder durch entsprechende Akkorde dem Ganzen die richtige Richtung gibt. Wie gesagt, das Klavier bringt das Refrainthema unverändert, ebenso unverändert wiederholt das Orchester und das war hier schon der ganze Refrain. Es folgt der Reprisenteil – D –, die 3. Strophe. Dieser bringt die 1. Strophe – B – eingekürzt um das Einführungsthema (T. 33–47), ziemlich unverändert in C-Dur. An die lange Variation über das 1. Thema schließt sich das 2. Thema, etwas verändert, wird aber gleichermaßen von den Bläsern wiederholt, hier Oboen und Fagotte, in der zweiten Wiederholung tritt wieder die Flöte noch dazu. Der großartige Übergang zum Refrain in der 1. Strophe ist durch eine neue nicht so aufwendige und sehr solistische Passage ersetzt. Nur die Streicher untermalen, und nur die letzten Takte werden von den Bläsern in einer Aufwärtsbewegung begleitet. Die letzte Wiederholung des Refrains ist ein bißchen anders in der Instrumentierung, etwas aufgelockert in der Verteilung des Themas und seiner Teile. Das Klavier beginnt mit dem 1. Teil (2 mal 4 Takte), ohne daß das Orchester wiederholt. Die Bläser fügen ihr Marschthema hinzu. Die Wiederholung vom 1. Refrain: 4 Takte 1. Violine, 4 Takte Bässe, ist hier reine Klaviersache, abwechselnd in rechter und linker Hand, darunter beginnen die Streicher dann schon mit der Marschphrase der Bläser – viermal –. Die beiden Bläserunterbrechungen übernimmt die rechte Hand, kurzer Abschluß. Dann beginnt das Klavier noch einmal mit einer langen solistischen Exkursion, Takt 335–347, die dann auch noch wiederholt und mit weitem Abschluß versehen wird. Das wirkliche Ende des Satzes bestreitet das Orchester mit seinem Abschluß aus dem 1. Refrain. Hier endet eines der ganz großen Konzerte Mozarts.

Klavierkonzert Nr. 22, KV 537, D-Dur

Allegro, Larghetto, AIlegretto
Orchester: Quartett, Flöte, 2 Oboen, 2 Fagotte, 2 Hörner, 2 Trompeten,
              2 Pauken

Das »Krönungskonzert«, vollendet am 24.2.1788, sollte zur Kaiserkrönung Leopolds II. im Oktober 1790 in Frankfurt zur Aufführung kommen. Man hatte Mozart bei den offiziellen Vorbereitungen übergangen, und er fuhr auf eigene Faust nach Frankfurt, hat aber keine Möglichkeit gehabt, bei den Feierlichkeiten aufzutreten. Er hat es dann wohl in einer Akademie gespielt, nach der Krönung, die aber auch nicht den gewünschten Erfolg hatte. Mit Sicherheit hat er es im April 1789 in Dresden am sächsischen Hofe gespielt.

Dieses ist ein Konzert, das man nach den voraufgegangenen nicht erwartet hätte! Es ist eigentlich ein Rückschritt. Das Themenmaterial ist zwar an sich sehr schön, aber es wird wenig daraus gemacht. Die Orchestrierung ist zwar auf dem Papier die gleiche wie bei den Vorgängern, aber sie wird nicht so angewendet. Die Bläser haben kaum etwas zu sagen, bis auf ein paar Zwischenrufe, sind sie bestenfalls hin und wieder mit den Streichern zusammen zu hören. (Dies gilt vor allem für den 1. Satz.) Das Soloinstrument ergeht sich überdimensional in Tonleitern, rauf und runter, rechts und links. Bemerkenswert ist, daß dieses Konzert das einzige ist, das im »unmozartischen« 19. Jahrhundert überlebt hat, das gespielt wurde. So ist auch Mozarts Ruf aus dieser Zeit als »göttlicher Unterhalter« zu erklären. Es sind in dieser Zeit und weit bis ins 20. Jahrhundert eben nur diese »galanten« Stücke gespielt worden, die aber alle aus sehr früher Zeit stammen, die ja nun aber auf dieses Konzert bezogen, lange vorbei sind. Wir haben die großen Konzerte aus den letzten Jahren erlebt, wie kommt es zu diesem Konzert? Hat er es in höchster Eile konzipiert, es heißt ja, daß in seinem Autograph das Orchester aufgezeichnet ist, nicht immer aber der Solopart, wobei ersteres in Bezug auf die »fehlenden« Bläser auch keine Erklärung wäre. Es ist nichtsdestotrotz ein sehr beliebtes Konzert, neben KV 466 eines der meistgespielten. Wobei ich glaube, das dieses für die letzten 20–30 Jahre vielleicht auch nicht mehr ganz zutrifft.

Das Wissen um seine schönsten, wertvollsten Werke ist doch heute sehr viel breiter gestreut. –

Es ist schon mozartisch, aber eben nur hübsch anzuhören, ohne Tiefgang, ohne Raffinesse. Vielleicht hängt es auch mit seiner zunehmend schlechteren geldlichen Situation zusammen, daß er so große Zugeständnisse an das Publikum meinte machen zu müssen, ihnen einen eingängigen, einfachen, netten Mozart vorgaukeln mußte. Einige wenige Phrasen und Themen lassen den richtigen Mozart durchscheinen. Aber der Abstand zwischen den »galanten« Konzerten seiner frühen Jahre, und seinem Ideal der letzten Konzerte ist so groß, daß er dazwischen nicht recht Fuß fassen konnte. Und das Resultat ist ein »künstlicher« Mozart, ein Stück, was nirgendwo zuzurechnen ist. In allen seinen Werken ist die Freude des Kompositeurs am Komponieren zu spüren, zu allen Zeiten und in allen Epochen, auch in seinen allerletzten Werken, hier hat man ein bißchen das Gefühl, das sie zumindest nicht immer da ist.

Der erste Satz ist ein Allegro und steht in D-Dur. Das Orchester, nein nur die Streicher eröffnen den 1. Satz mit einem eher schweren und ernsthaften Thema,

das aber bereits nach vier Takten sich als Bluff erweist, denn es geht gleich ganz fröhlich weiter. Es folgen einige lebhafte Phrasen, an denen auch die Bläser ihren Teil haben, bis zum Eintritt des 2. Themas, es wird von einer bemerkenswerten Phrase von den 1. Violinen allein (T. 32 ff.) eingeführt, entrollt sich dann in Violinen und Bratschen, wird wiederholt und vom ganzen Orchester zu Ende gebracht. Es folgt eine weitere Phrase (T. 58 ff.), wird wiederholt, mit einem kurzen Wortwechsel zwischen Violinen und abwechselnden Bläsern, und einem großen Abschluß versehen, an dem wieder das ganze Orchester beteiligt ist. Das sind drei große Abschlüsse, die die 1. Exposition ein bißchen zerhacken. Nun tritt das Klavier mit dem 1. Thema auf, variiert, umspielt es etwas, und das Orchester, ohne Klavier, bringt den großen Abschluß von Takt 51 ff. etwas verändert. Das Klavier greift eine Phrase auf und ergeht sich nun in langen Auf- und Abwärtsbewegungen mit sparsamster Streicherbegleitung über fast 20 Takte. Dann folgt das sehr schöne Klavierthema, das ist ein echter Mozart.

Es führt weiter nach d-moll, endet aber auch bald wieder in vielen Takten mit Tonleitern auf- und abwärts. Das 2. Thema wird vom Klavier aufgegriffen, und es findet ein kurzes schönes Zusammenspiel von Solo und Streichern statt. Die solistische Ausarbeitung des Themas ist großartig (T. 176–192). In den folgenden Takten ist das Klavier wieder auf Wanderschaft, von den Streichern immerhin kräftig unterstützt. Den Abschluß bilden weite Teile der 1. Exposition (T. 13–23, 71–79) ohne wesentliche Änderungen. Auf dem letzten Takt dieses Abschlusses baut sich die Durchführung auf! Das Klavier übernimmt den Takt wiederholt,

wiederholt variiert. Und auch das Orchester bringt ihn ebenfalls zweimal, das Klavier nochmals, variiert, und unter die nun folgenden Auf- und Abwärtsschwünge des Klaviers werfen wechselnde Teile der Streicher hin und wieder noch einmal einen Brocken dieser Phrase. Hieran schließt sich dann wieder eine sehr schöne Passage, sie geht nach h-moll, es ist wie ein Rezitativ, das aber auch wieder in langen Tonleitern endet, mehr oder weniger solistisch. Es folgt die Reprise mit dem 1. Thema in den Streichern, das Klavier nimmt es variierend auf. Daran schließt sich das schöne Klavierthema mit langen Tonleitern und Triolen. Das Klavier greift das 2. Thema auf, ohne das gemeinsame Spiel, aber mit der solistischen Ausarbeitung aus der 2. Exposition. Gegen Ende kommt noch einmal die kleine Phrase aus der 1. Exposition (T. 58 ff. = T. 383 ff.), die Wiederholung von den Streichern noch vom Klavier kräftig unterstützt. Sogar Oboe und Horn fügen einen Satz hinzu, wobei das kleine Zwiegespräch aus der 1. Exposition zwischen Violine und Bläsern hier zwischen Violine und Klavier stattfindet. In dem Augenblick wo es endet, erscheint als »Überraschungscoup« dreimal hintereinander, jeweils einen Ton höher, ein Akkord forte, piano, gefolgt von einem Sturzbach von Tonleiter und Arpeggien. Zweimal in g-moll, das dritte Mal dann im versöhnlichen D-Dur. Das sind solche echt mozartischen Momente, die das Konzert natürlich auch hat. Abschluß, Kadenz und Ende ähnlich wie bei der 1. Exposition.

Der zweite Satz steht in A-Dur, einer der wenigen zweiten Sätze, der nicht in der Subdominante steht (immerhin tun dieses 13 der 23 Konzerte!), sondern in der Dominante. Er ist sehr kurz, aber ein echter Mozart. Ein zauberhafter zarter Gesang, etwas melancholisch, eine gute Mischung aus der wohl gebotenen »galanten« Musik und dem persönlichen Empfinden. A-Dur ist eine bei Mozart häufiger verwendete Tonart für Arien und Gesänge.

Es ist eine Art Rondo, das aber nur aus A – B – A besteht, man könnte es auch als dreiteiligen Satz bezeichnen. Der Refrain – A – oder 1. Teil beginnt mit der 1. Phrase, die vom Klavier vorgetragen wird, zweimal 4 Takte, Wiederholung

durch das Orchester. Es schließt sich sofort die 2. Phrase an, die dem Klavier allein gehört, ebenfalls 2 mal 4 Takte mit Abschluß. Danach kommt noch einmal die 1. Phrase zweimal 4 Takte im Klavier, und das Orchester beschließt mit einer sehr mozartischen Coda. Der mittlere Teil – B – ist ein gutes Beispiel des Zusammenspiels von Solo und Streichern. Bläser haben auch hier keine Chance. Eine Cantilene von sehr schöner Gesanglichkeit. Nach 20 Takten ist der ganze Teil B schon zu Ende, und es folgt der Refrain – A – der 3. Teil. Etwas gekürzt, 1. und 2. Phrase werden vom Klavier hintereinander vorgetragen. Alle zusammen spielen dann noch einmal die 1. Phrase mit Wiederholung, und das Orchester bringt die Coda vom 1. Refrain mit verlängertem Abschluß, wird hierbei aber tatkräftig vom Klavier unterstützt. Nach 110 Takten ist der schöne besinnliche und versöhnliche Satz schon zu Ende.

<u>Der dritte Satz</u> ist eine Rondo-Sonate und zwar eine »abartige« zweiteilige mit einer Coda. Der Form nach also sehr interessant. Obwohl die einzelnen Themen und Phrasen schon sehr mozartisch und schön sind, selbst das etwas kindlich, plumpe Refrain-Thema, die Verarbeitung ist wieder etwas einfach, die Bläser haben wieder keine Chance, und das Solo ergeht sich wieder in langen Tonfolgen mit oft sehr wenig Begleitung. Das Refrain-Thema – 1. Thema –, wie gesagt etwas kindlich, »steifleinern«, wird vom Klavier vorgegeben. Das Orchester

wiederholt mit Abschluß. Daran schließt sich eine kleine Phrase im Klavier und ein »pompöser« Abschluß ohne Klavier. Die Streicher intonieren eine weitere Phrase, die vom ganzen Orchester variiert wiederholt und mit einem weiteren Abschluß versehen wird. Das Klavier bringt das 2. Thema 2 mal 4 Takte, die

Wiederholung mit etwas Orchester. Es folgt eine mehr oder weniger solistische ganz spritzige Abhandlung, endend in langatmigen Tonleitern. Daran schließt sich ein drittes Thema, eher verhalten, schon durch den plötzlichen Eintritt von

moll, a-moll. Fagotte und 1. Violinen intonieren es, dann greift das Klavier es auf und zwar nun wieder in D-Dur. Es folgt wiederum eine lange Passage des Solos, immerhin aber doch zustimmend von den Streichern, hin und wieder auch von den Bläsern untermalt (T. 105–135). Der Abschluß ist eines der wenigen Beispiele dieses Satzes (Konzerts?), der ein vollendetes Zusammenspiel aller mit allen bringt. Der 2. Teil beginnt wieder mit dem Refrain-Thema. Die kleine Klavierphrase bleibt erhalten, die der Streicher entfällt. Es schließt sich gleich das 2. Thema an. Diesmal nur einmal alle 8 Takte, und gleich mit »etwas« Streichern. Dann folgt der beste und interessanteste Teil, eine Art Durchführung, über den 1. Takt dieses Themas, durch mehrere Tonarten, zunächst mit Bläsern, dann auch mit Streichern (T. 188–212), daran schließen sich wieder die solistischen Tonleitern aus dem 1. Teil, bis Takt 240. Da erscheint dann das 3. Thema, diesmal in d-moll von Fagotten, Oboen und 1. Violinen vorgetragen, das Klavier wiederholt in D-Dur. Nun kommen auch hier die solistischen Takte fast identisch mit den Takten 105–135, wiederum beendet mit dem »Gemeinschaftsabschluß« aus dem 1. Teil (T. 135 ff. = T. 287 ff.). Es folgt erneut das Refrain-Thema, einmal Klavier, einmal Orchester, die Klavierphrase, die orchestrale Phrase liegt zur Hälfte in den Händen des Klaviers, zur anderen Hälfte in den Bässen, mit mehr oder weniger solistischem

Abschluß, aber nein, das Orchester bringt sozusagen als Coda der Coda nochmals 2 Takte des Refrain-Themas, das Klavier greift den 1. Takt variierend auf,
zweimal, dann kommt aber der endgültige Abschluß.

Klavierkonzert Nr. 23, KV 595, B-Dur

Allegro, Larghetto, Allegro
<u>Orchester:</u> Quartett, Flöte, 2 Oboen, 2 Fagotte, 2 Hörner

Dieses ist nun unwiderruflich Mozarts letztes Klavierkonzert. Niedergeschrieben in den ersten Tagen des Jahres 1791, seinem letzten Lebensjahr. Es ist das letzte und irgendwie auch das vollkommenste Glied einer langen, sein ganzes Leben begleitenden Kette von Klavierkonzerten. Vollkommen in seiner Ausgewogenheit, sowohl thematisch als auch instrumental. Wenn man es negativ sehen will, ist es glatt gehobelt, die Themen sind alle abgeklärt, nicht mehr kämpferisch, wenn auch von einer unglaublich schönen Liedhaftigkeit. Alle Kämpfe zwischen den Instrumenten sind beigelegt, jeder läßt jeden zur rechten Zeit gelten. Auch von der musiktheoretischen Seite ist eine gewisse Gelassenheit oder Großzügigkeit mit dem Umgang der Prioritäten zu verzeichnen. So wie gerade das voraufgegangene Konzert ausgesprochen äußerlich, »für alle« gemacht war, so ist dieses sehr intim, vielleicht nur für einen kleinen Freundeskreis, der ihm noch verblieben ist, gedacht, ohne große Virtuosität, aber von großer Reinheit und Klarheit, auch Resignation, ja auch Traurigkeit, aber vielleicht keine negative Traurigkeit, vielleicht ein Wissen um den Sinn des Lebens, und die Hoffnung auf eine bessere Welt, denkt man an den letzten Satz. Nun man kann lange darüber »spekulieren«, wir wissen es nicht, nur eines, daß es eines der schönsten und harmonischsten Konzerte ist.

    <u>Der erste Satz,</u> Allegro. Mit einem Takt zur Einstimmung auf die Stimmung des ganzen Satzes in den Streichern ohne die 1. Violinen, beginnt das 1. Thema bestehend aus drei liedhaften Episoden der Streicher, die jeweils von einem

gemäßigten »Fanfarenstoß« der Bläser voneinander abgesetzt werden. Einem Abschluß folgt quasi ein Nachsatz, eine kleine Phrase abwechselnd in Streichern

und Bläsern, wobei die 1. Violinen das Motiv stellen, es wird dreimal wiederholt, jeweils einen Ton höher, endend auf der Dominante. Drei piano-Takte, 1. Violinen, 2. Violinen, Bässe. Alle Streicher führen zum 2. Thema, den Streichern vorbehalten, etwas kraftvoller, andererseits auch zögerlich zwischen Dur und

moll lavierend. Das Kraftvolle siegt dann doch in dem folgenden dekorativen Abschluß, zweimal drei Takte aufsteigende 16tel von pp über crescendo nach forte, wobei der jeweils dritte forte-Takt auch von den Bläsern mitbestritten wird. Dieser Ausflug endet ziemlich abrupt in moll, in einem kleinen Motiv in

der 1. Violine, das von allen fortgesponnen wird, aber schnell wieder nach Dur zurückfindet. Es folgt die übliche »brausende« Abschlußkadenz, aber hier fügt Mozart noch einen kleinen Mozart hinzu, eine kleine nachdenkliche, den Klaviereinsatz verzögernde Phrase, beendet die 1. Exposition endgültig. Das Klavier kommt zu seinem ersten Einsatz mit dem 1. Thema leicht moduliert, wobei die Streicher den »Fanfarenstoß« übernehmen, dafür das Klavier den Abschluß der Streicher aus der 1. Exposition (T. 13 ff.–T. 88 ff.) mit einem kleinen solistischen Nachspiel oder Zwischenspiel als Übergang zum Klavierthema, das in f-moll

steht. Das Klavier trägt es vor und versieht es mit einem dann doch dramatischen dreifachen Abschluß, der beim zweiten Mal von der Flöte, beim dritten Mal moduliert, und von Flöte und Oboe mit einem Kontrapunkt versehen wird. Eine besonders eindrucksvolle, emotionale Passage, mit einer immer noch in f-moll befindlichen Abschlußkadenz des Orchesters. Es beruhigt sich alles in einer längeren Abhandlung von immer wieder aufsteigenden 16teln, mal in der rechten, mal in der linken Hand, genau hinhörend noch das Klavierthema ahnend, von Violine, Bratsche, Cello abwechselnd mit pizzicati begleitet. In Takt 123 sind wir in F-Dur mit dem kleinen Nachsatz nach dem 1. Thema der 1. Exposition, diesmal vom Klavier vorgetragen im Dialog mit den Bläsern. Wir sind also wieder auf dem Wege der 1. Exposition, demzufolge schließt sich nun auch das 2. Thema an. Begonnen in den Streichern, nimmt das Klavier das Thema auf, übernimmt auch die Federführung in dem dekorativen Abschluß p – crsc. – f, zweimal drei Takte, beim ersten Mal allein, beim zweiten Mal von den Bläsern begleitet, also nicht, wie in vielen anderen Konzerten, die erste große Möglichkeit einer solistischen Darstellung nutzend. Es bricht ziemlich abrupt ab, mit einer Bläseridee in halben und ganzen Noten, will sagen einer Ruhigstellung, vom Klavier spielerisch

untermalt mit einer Serie von »Gs«, deren letztes über fast 2 Takte in der linken Hand währt, und über einem »H« 2 Oktaven höher und in 16teln abwärts und aufwärts in einem Triller endet. Anstatt hier nun die Durchführung beginnen zu lassen, hören wir noch einmal das Orchester in großer Form mit einer Phrase, worin hin und wieder das Thema der kleinen Phrase nach dem 2. Thema in der 1. Exposition anklingt. Dann ist aber Schluß, und das Klavier beginnt mit der Durchführung. Es spielt die erste »Strophe« des 1. Themas und zwar in h-moll, die Streicher übernehmen die »Fanfare«, verdoppelt in e-moll, Oboen und Fagotte fügen noch eine kleine »Fanfare« an. Das Klavier wiederholt die Strophe in C-Dur, gefolgt von einer einfachen »Fanfare«, c-moll, der Streicher, einer der Bläser, einer doppelten, Es-Dur, vom Klavier. Die Oboen bringen dieses Strophe variiert, die Fagotte ziehen nach, das Klavier wiederholt in etwa die Variation in es-moll. Die Fagotte folgen. Nach diesen tastenden Versuchen beginnt eigentlich erst die richtige Durchführung. Streicher und Bläser ergehen sich in großer Konversation über dieses Fragment, diese erste Strophe, und die »Fanfare«, modulierend meist in moll und geschwätzig. Das Klavier spielt hierbei eher die untergeordnete Rolle, d.h. es hat mit dem Thema direkt nichts zu tun, sondern durchzieht das Geschehen mit Girlanden von Arabesken, die sich mehr oder weniger entfernt vom Thema bewegen, was aber nicht heißt, daß das Orchester das Solo übertönt, irgendwie behält es trotz seiner thematisch untergeordneten Rolle alle Fäden in der Hand. Diese ungefähr 30 Takte während Durchführung ist mit Sicherheit das Interessanteste an diesem Satz, und auch eine der interessantesten Durchführungen überhaupt in seinem Klavierkonzerten. Der Dialog zwischen Bläsern und Streichern über dieses Fragment ist fast wie ein zweistimmiges Lied. Es ist dann in Takt 218 an den Violinen, das Spiel wieder auf die richtige Bahn zu bringen, indem sie nochmals die erste Strophe des 1. Themas aufs Tapet bringen, kanonartig, 2. vor 1. Violine. Das Klavier nimmt in Takt 224 die Phrase modulierend auf, nur vom Fagott gestärkt. Sodann bringen Oboen und Fagotte wiederum diese Phrase, von Arpeggien über zwei Oktaven im Klavier begleitet, alles in ständig wechselnden Tonarten und landen schließlich wieder in B-Dur mit dem

1. Thema, was wir ja eigentlich gar nicht verlassen haben, in der Reprise. Diese ist ohne Überraschungen und Neuerungen, nach dieser originellen Durchführung scheint es auch ganz gut, sich in bereits bekannten Welten zu bewegen. Das heißt, 1. Thema wie in der 1. Exposition vom Orchester allein vorgetragen, lediglich der

Abschluß wird vom Klavier verdoppelt, wie auch in der 2. Exposition, und führt zum Klavierthema mit dem gleichen bemerkenswerten Abschluß. Es folgen die 16tel rechts und links und der »Nachsatz«, der in der 1. Exposition zwischen 1. und 2. Thema stand, in der zweiten zwischen Klavier- und 2. Thema, so auch hier, vom Klavier intoniert. Es folgt das 2. Thema erst im Orchester, dann im Klavier, der »dekorative« Abschluß aus Exposition 1 und 2 ist, wie bei 2, vom Klavier bestimmt. Der Abbruch und die folgende Bläserphrase mit den langen Noten auch wie in der 2. Exposition, nach dem Triller das 3. Thema, was in der 2. Exposition fehlt, das dann hier aber auch vom Klavier übernommen wird, zunächst ziemlich solistisch, zum Ende gesellen sich die Bläser hinzu, mit zaghafter Streicheruntermalung. Der Abschluß mit vollem Orchester ohne Klavier, Kadenz. Der Satz schließt mit dem Ritornell der 2. Exposition und den letzten Takten der 1. Exposition.

<u>Der zweite Satz,</u> in der Stimmung des 1. Satzes, ist ein kleines einfaches Rondo, in Es-Dur, stimmungsvoll und in sich ruhend. Refrain wird vom Klavier vor-

getragen, der erste Teil zweimal 4 Takte, sodann vom Orchester aufgenommen, die 1. Violinen spielen das Thema und werden vom ganzen Klangkörper reich umspielt, mit starkem Wechsel zwischen piano und forte. Der zweite Teil des Refrains ist dem Solo vorbehalten, und nochmals der 1. Teil jeweils zweimal 4

Takte. Kaum zu Ende, sind die Hörner mit einem leisen, aber bestimmten Gemurmel zur Stelle und leiten die Coda ein. Eine bewegte Passage, 1. Geigen und Bläser gemeinsam aufsteigend, eine neue Phrase andeutend, von Trillern in der 2. Geige und Gemurmel von Bratschen und Bässen begleitet, von piano nach forte sich bewegend. Wobei bei der Wiederholung die Bratschen sich zu den 2. Geigen gesellen und die Bläser nur mehr einen »Oberton« halten. Das Ganze ist ohne Beteiligung des Klaviers. Ein weiteres kleines Motiv, wie ein Schmetterling in den 1. Geigen und Flöten, wieder einmal so ein kleiner mozartscher Nachsatz, beenden die Coda und damit den Refrain. Die einzige Strophe – B –, die dieses Rondo hat, ist eine Cantilene des Klaviers, gestützt von einem reich variierenden Orchester. Das Klavier bringt das Thema in Es-Dur, zunächst nur von den Streichern eher rhythmisch untermalt, zweimal 4 Takte. Nach B-Dur moduliert, folgt eine neue Phrase nur noch zweitaktig, von B-Dur ins entlegene unübliche Ges-Dur geführt, mit nochmals variierten Phrasenteilen im Klavier dreimal hintereinander, nur noch von »hämmernden« oder »marschierenden« Bässen begleitet. Wobei die linke Hand die fehlenden Streicher ersetzt. Von den Bläsern ist nur noch das Fagott übrig. Zum Ende hin wird die Orchestrierung wieder ganz reich, besonders die Geigen versuchen das Klavier zu übertönen, und die Flöte ist zum Abschluß unisono mit der 1. Geige auch noch dabei. Die Strophe endet auf einem langen Triller, der sich Takt für Takt wieder an Es-Dur heranpirscht, um dann den Refrain neu zu bringen. 1. und 2. Teil werden hintereinander vom Klavier vorgeführt und mit einem kleinen Abschluß versehen. Der 1. Teil wird einstimmig von Flöte, Piano und 1. Violine wiederholt, wobei letztere eine Oktave tiefer spielt, als Baß fungiert, und damit tiefer ist als die linke Hand! Daran schließt sich die Coda, beginnend mit dem Hörnergemurmel, wobei hier das Klavier noch zwei 16tel Tonleitern einstreut, ehe es verstummt. Alles läuft wie in der ersten Coda bis Takt 119, da erscheint das Klavier mit den Stimmen von Geigen und Bratschen in der rechten und linken Hand, das in den Oboen wieder aufsteigende Codathema, von den anderen Bläsern umspielt, untermalend. Nach drei Takten sind die Streicher wieder da, aber nicht gewichtig, eher das Klavier stärkend, während die Bläser noch einmal das große Wort führen. – In diesen kleinen Veränderungen, Klavier statt Streicher – Thema in den Bläsern, oder wieder Bläser und Violinen, da steckt der experimentierfreudige Mozart drin, um das aber zu erfassen, muß man eben sehr genau hinhören, besser noch hinsehen. – Die letzten Takte sind wieder wie die erste Coda, nur daß hier das Klavier noch einmal einen Codaphrasenteil zweimal kurz dazwischen wirft.

<u>Der dritte Satz</u> ist ein Rondo, wenn auch ein ungewöhnliches oder fortentwickeltes Rondo. Berühmt durch sein fast allgegenwärtiges Thema: »Komm lieber Mai und mache …« (das Lied hat Mozart als KV 596 am 14.1.91, also wenig später, geschrieben!). Das drückt auch in etwa die Stimmung dieses Satzes aus, nicht Gewißheit, aber Hoffnung und Zuversicht. Das Klavier intoniert den 1. Teil des Refrains mit eben dieser Melodie, 2 mal 4 Takte. Das Orchester wiederholt,

wobei die Violinen die Melodie führen und insbesondere die Bläser kräftig unterstützen. Dann bringt das Klavier den 2. Teil des Refrains, allein, dieser Teil, wie

öfter, bleibt dem Solo vorbehalten, mit Abschluß und Wiederholung des 1. Teils. Das Orchester greift Teile dieses Themas in einem Ritornell auf, im Wechsel zwischen Bläsern und Streichern mit einem großen Abschluß, in den die Oboen und dann auch die Fagotte nochmals die ersten 2 Takte des Refrains hineinstreuen. Es folgt die 1. Strophe – B –, das Klavier bringt die erste Phrase, die Wiederholung

wird von den Streichern mitgetragen, mit einem Abschluß nach F-Dur führend. Dann bringt das Klavier dreimal ein Fragment des Refrainthemas, mit dem es über f-moll nach g-moll moduliert, von Bläsern mit wiederholten Akkorden unterstützt, auch noch dann, wenn sich das Klavier in Arpeggien ergeht über f-moll, Des-Dur wieder nach F-Dur. In Takt 94 wieder der 1. Teil des Refrains im Klavier, von Streichern und Bläsern wiederholt. Anschließend ein kleines Geplänkel zwischen Solo und Flöte, dem eine neue Phrase dieser Strophe folgt, ein »Bruder des Refrains«, ebenfalls von fröhlicher Statur im Solo, Oboe und Fagott greifen es auf, vom Klavier untermalt, und von der Flöte begleitet. Arpeggien schließen sich an, aufsteigend pro Takt einen Ton höher f – g – a – b und ein Abschluß mit Bläserunterstützung. Daran schließt sich eine kleine Kadenz, die zum Refrain überleitet. Das Klavier führt erneut den Refrain ein, nur den 1. Teil, das Orchester wiederholt abgekürzt. Die Bläser wiederholen echohaft nochmals das Fragment; und schon beginnt die 2. Strophe – C –. Das Klavier hat den Mut, diesen fraglichen abgekürzten Teil des Refrainthemas nochmals anzuspielen, in b-moll. Aber es nimmt auch nicht den »normalen« Abschluß, sondern es fügt, quasi abgehackt, einen kleinen skurrilen Ausflug über weite Teile der Tastatur an. Diese Refraintakte bleiben bestimmend für diese Strophe. Die Streicher beginnen damit, Flöte, Oboe, dann auch Fagott folgen, das Klavier arpeggiert dazu mal rechts, mal links über f-moll, d-moll, g-moll modulierend. Immerhin wird das Thema über 12 Takte zwischen Streichern und Bläsern bewegt (schon fast Durchführungscharakter!). Drei Akkorde von Geigen, Flöte und Oboen lassen den Ansturm abklingen, das Solo fügt, etwas unmotiviert, zwei weitere hinzu, endend auf Es-Dur. Das ist auch die Tonart des dritten Refrainbeginns. Übrigens höchst selten, daß diese dritte Wiederkehr des Refrains in der Subdominanten steht, – nicht nur der Ton, auch die Form ist irregulär! Diesmal bricht das Klavier an der gleichen Stelle, wie bei dem letzten Refrain die Streicher, ab und gibt an die Bläser weiter, die dasselbe in moll bringen, dann die Streicher, wieder das Klavier, das Fagott mit Rudimenten, das Klavier nochmals, und dann ein Übergang, der auf »B« endet und zur dritten Strophe führt in B-Dur. Diese ist nun aber wiederum die 1. Strophe und zwar ziemlich »wortgleich« zunächst. Man könnte also auch die 2. Strophe für die Durchführung halten, und den letzten sehr durchführungsmäßigen Refrain als Teil bzw. Ende derselben, und dieses jetzt als Reprise, das wäre dann doch eine Rondo-Sonate. Die Mixtur aus beidem ist eben ein Teil von Mozarts Erneuerung oder Weiterentwicklung der Rondoform, es ist alles nicht mehr so Punkt für Punkt festgelegt, ein freierer Umgang mit den gegebenen Größen. – Wenn wir es hier nun aber doch bei der Rondoform belassen wollen, so beginnt die 3. Strophe mit dem Thema der 1. Strophe (T. 198). Das Klavier führt das Thema vor, es wird von allen wiederholt und mit einem Abschluß versehen. Es folgt der Dialog zwischen Klavier und Bläsern, es dominiert moll. Daran schließt sich wieder der Beginn des Refrains, im Klavier von Streichern wiederholt, mit anschließend kleinem Geplänkel zwischen Klavier und – hier teilen sich Oboe und Flöte den Part. Auch die neue Phrase aus der 1. Strophe kommt zu Gehör, einschließlich der Arpeggien. Das Orchester bereitet die Kadenz vor, und das Klavier spielt sie! Danach bringt das Klavier ein letztes Mal den Refrain, diesmal beide Teile hintereinander, das Orchester fügt sein Ritornell aus dem 1. Refrain an und die Coda beginnt. Und zwar beginnt sie außerordentlich brillant mit einer virtuosen Passage (T. 323). Wie ein Echo des Refrains spielt dann das Klavier noch einmal die ersten Takte, Oboe und Fagott nehmen es auf. Das Klavier verabschiedet sich mit zwei untermalenden sich verflüchtigenden Arpeggien, und in einer letzten »Fanfare«, wie im ersten Satz, schließt das ganze Orchester den Satz ab, und damit eines der reichsten und schönsten innerhalb von Mozarts Klavierkonzerten!

Mozart der Pianist
vor allem gesehen in den Wiener Meisterjahren

Der noch nicht dreißigjährige, »kleine« untersetzte Mann, »dünn und blaß«, »mit einer Fülle von schönem Kopfhaar«, so sah ihn seine Schwester, trat in eleganter, öfter fast koketter Kleidung vor das Wiener Publikum. Er setzte sich an das Klavier, »sein ganzes Antlitz änderte sich, ernst und versammelt ruhte sein Auge«, seine »kleinen, schönen Hände« glitten über die Klaviatur. So sahen ihn seine Freunde. Welcher Art sein Anschlag, seine Technik, seine Vortragsweise war, können wir nur aus meist sehr allgemeingehaltenen Mitteilungen von Zeitgenossen und aus Briefen ersehen. Michel Kelly spricht von Mozarts »Gefühl, der Schnelligkeit seiner Finger, besonders der großen Fertigkeit und Stärke seiner linken Hand«. Er schreibt dies der »trefflichen Applikatur« zu, die Mozart »nach eigenem Geständnisse, dem fleißigen Studium der Ph. E. Bachschen Werke zu danken« gehabt habe. Ein Wiener Kritiker der damaligen Zeit nennt Mozart den »fertigsten, besten Klavierspieler« dem er je begegnet sei. Clementi, Mozarts Rivale, hatte »bis dahin niemand so geist- und anmutvoll vortragen hören«. (Mozart hingegen schrieb an seinen Vater von Clementis Spiel, sie spielten zusammen vor Kaiser Joseph II.: »Der Clementi spielt gut, wenn es auf die Execution der rechten Hand ankömmt. Seine Force sind die Terzen-Passagen – im übrigen hat er um keinen Kreuzer Gefühl oder Geschmack. Mit einem Wort ein bloßer Mechanicus!«) Dittersdorf fand in »Clementis Spiel bloß Kunst (Kunstfertigkeit), in Mozarts aber Kunst und Geschmack«. Joseph Haydn erklärte, er könne Mozarts Klavierspiel in seinem Leben nicht vergessen, »das ging ans Herz«. Die jüngere Generation kommt dagegen mit Karl Czerny zu Wort, der von Beethoven gehört hatte, daß zu Mozarts Zeit das »gehackte und kurz abgestoßene Spiel Mode war« und Mozart sich »auf den damals mehr gebräuchlichen Flügeln ein Spiel angewöhnt hätte, welches keineswegs für die Fortepiano paßte«. Nach Czerny soll Beethoven auch geäußert haben, daß Mozarts Spiel »sauber und klar, aber etwas leer, matt und altfränkisch gewesen sei«. Mozart hat die Schule seines Vaters durchlaufen, und auf den Reisen die verschiedensten Klavieristen kennengelernt, von denen er gelernt und abgesehen hat. Er verlangte vom Spieler einen sorgfältig geregelten Fingersatz, eine leichte »ruhige und stete« Hand, ein Passagenspiel, das »wie Öl fortfließen soll«, einen rhythmischen nicht zu raschen Vortrag, auch im Tempo rubato »Expression und Gusto, so daß man glaubt, derjenige hätte es selbst componiert, der es spielt«. Virtuosenmanieren haßte er. Er blieb mehr bei dem für die damaligen Instrumente passenden graziösen, zierlichen, vielleicht etwas dünnen Klaviersatz.

Mozart hatte kleine schöne Hände, beim
Klavierspielen wußte er sie so sanft und
natürlich auf der Klaviatur zu bewegen, daß
sich das Auge daran nicht minder als das Ohr
an Tönen ergötzen mußte. Es ist zu verwundern,
daß er damit so Vieles besonders im Basse greifen konnte!
(Niemetschek)